改訂 大乗の仏道

——仏教概要——

真宗大谷派
教師養成のための教科書編纂委員会

東本願寺出版

目次

第二部　大乗仏教の成立と思想

第三部　中国における仏教の受容と展開

序

一人の人ゴータマが仏陀になったということの一事に、仏教のすべてがふくまれる。ゴータマ（Gotama）とは、歴史的な制約の中にある一人の人間の名前である。仏陀（buddha）とは、覚《めざ》めた者という意味をもった言葉である。

では「ゴータマが仏陀になった」ということの事態は、いったいどういうことをいうのか。一人の人間が生きることにとって、それはどのようなことを意味するのであろうか。

仏教の歴史とは、この「ゴータマが仏陀になった」ということをどのように受けとめるかということ、その了解の歴史でもあった。仏陀になったゴータマは、古代インドの一部族である釈迦族（Śākya）の出身であるから、釈尊《しゃくそん》（釈迦牟尼《しゃかむに》 Śākyamuni）と呼ばれてきた。したがってこの了解の歴史を、釈尊観の歴史であるということができる。

仏教学という学びは、古代インドの釈尊観から親鸞の釈尊観にいたるまでの、釈尊観の歴史を学ぶことにほかならない。その学びを通して、現代に生きるわたしたち自身の釈尊観を明らかにすることが、仏教学の目的である。

真宗大谷派教師のための仏教学の教科書『大乗の仏道』は、「浄土真宗は大乗のなかの至極なり」（『末灯鈔』聖典六〇一頁）という親鸞の言葉に照応して、阿含の教説や大乗の教説・思想をとらえかえしたものであり、ながらく好評を得てきたものであった。しかし、これが編纂されてすでに数十年がたち、この間に仏教の学問もすすみ、仏教の思想史としてあらたな視点が獲得されてきた。したがって教科書もまたそれに応じて編纂し直す必要が生じたため、ここに『改訂 大乗の仏道』を調えることとなった。

このたびの改訂版の大きな指針となったのは、「釈尊が明らかにされた仏教と、親鸞がうなずかれた仏教とは、どこでつながるのか」という問いである。そこで、ここでは釈尊の思想に多くの力を注ぐことにした。そして釈尊や仏弟子たちの仏道を支えた心である求道心としての信仰について確かめた。その求道心は、やがて菩薩《ぼさつ》の思想を生みだすことになるが、そのときの仏教の課題に注意し、大乗仏教が現れる背景と意味を明らかにするように努めた。龍樹や世親などによる大乗仏教の思想については、きわめて重大であるが、最小限の言及にとどめた。

中国における仏教の受容と展開については、初版の『大乗の仏道』を基本的に踏襲することにし、多少の整理や補訂をした。

大谷派教師課程の教科書としてはいまだ不十分な点が多々あることと思うが、編者の意を汲みとっていただき、さらなる改訂に向けてのご助言を賜ることを願うものである。このたびの改訂版の執筆にあたって、第一部と第二部は宮下晴輝が担当し、第三部は織田顕祐が担当したことを付記する。

二〇一六年六月

編者識

第一部　釈尊と阿含経典

第一章　釈尊とその思想

第一節　四大聖地と古代インド——仏教成立の時代背景——

Ⅰ　四大聖地とその時代

古来から仏教徒が大事にしてきた場所がある。仏陀釈尊が誕生した場所、仏陀になった場所、最初に説法した場所、生涯を終えられた場所である。これらは、四大聖地として、多くの仏教徒が訪れてきた。

阿含《あごん》経典の『大般涅槃経《だいはつねはんぎょう》』（長部経典　十六）には「信仰ある良家の子たちにとって、見るに値し、心動かされる場所がある」と、四つの聖地が説かれ、またアショーカ王（紀元前三世紀）が巡礼して、それらの聖地に石柱を建てている。

この四大聖地（聖跡と呼ばれてきた）は、それぞれ、誕生の地ルンビニー（Lumbinī）、成道《じょうどう》の地ブッダガヤー（Buddha Gayā）、初転法輪《しょてんぽうりん》の地サールナート（Sāranātha　現在の地名。鹿野苑《ろくやおん》 Migadāya

のこと）、入滅の地クシナガラ（Kuśinagara / Kusinārā）と呼ばれている。

　これらの場所は、インド全体のなかでいえば、ガンジス河の中流域にあり、古代のマガダ国を中心にしたところにある。ここが釈尊の歩まれた場所である。

　ところで、古代インドには歴史的な記録は何も残されていない。いくつかの伝説が伝えられるのみである。ただそのような状況のなかで、インドの最初の統一帝国マウリア朝第三代目の王であるアショーカ王の即位年が紀元前二六八年であることが、やや確かなものとして判明している。

　そのアショーカ王の即位が、釈尊の入滅から百年余り後（一一六年後などの説がある）あるいは二百年余り後（二一八年後）のことであったという、二系統の伝承がある。前者は北伝説（中央アジアから中国に伝えられたもの）、後者は南伝説（スリランカや東南アジアに伝えられたもの）という。これによって、釈尊の入滅年は、北伝説によれば紀元前三八三年、南伝説によれば紀元前四八五年と算定されてきた。この二つの説のうち、北伝説によった算定年を支持する者が多い。

　しかし、中国に伝わった衆聖点記説《しゅしょうてんきせつ》（スリランカ上座部の律の注釈である『善見律毘婆沙《ぜんけんりつびばしゃ》』が漢訳されたときに伝えられたものであり、南伝説の一つ。釈尊入滅以来、毎年、律に一点ずつ墨記し、訳出した四八九年に九七五点となったという説である）によれば、紀元前四八六年が釈尊の入滅年となる。これはアショーカ王の即位年と南伝説によって算定された入滅年とほぼ一致する。また、後の歴史的な展開がより理解しやすいものとなるという理由からも、ここでは釈尊の入滅年を紀元前四八六年と考えることにしたい。したがって八〇年の生涯であった釈尊の生存年代を、紀元前五六六—四八六年と仮に定めることにする。

このように、釈尊が生まれた時代と地域は、紀元前六世紀ころのガンジス河中流域であったということができる。ではそこには、いったいどういう時代社会が展開していたのであろうか。この時代社会の宗教史的あるいは文化史的な特徴を明らかにするために、少し時代をさかのぼって考察することにする。

Ⅱ　古代インドの宗教

自らをアーリアと名のる遊牧民が、おそらくカスピ海沿岸部を起点にして、あるものたちは北に、あるものたちは南下して、西の小アジアからバルカン半島へ、あるいは東のイランに、そしてインドへと移り住んでいったのであろうと考えられている。これは同種の言語の分布から想定されたものであり、その言語はインド・ヨーロッパ語族と呼ばれる。

インダス河の中・下流域には、インダス文明（紀元前二三〇〇—一八〇〇年ころ）があった。最古の都市文明であり、おそらくドラヴィダ語を話す人びとであっただろうと考えられている。インダス文明が滅びた後、紀元前一五〇〇年―一〇〇〇年ころにかけて、インダス河の上流域、パンジャーブ地方（五河地方）に、アーリア人たちが遊牧しながら移り住み、定住しだしたと考えられる。

ヴェーダ聖典の成立

すでに住んでいた人びとを征服支配し、農耕を主とした部族社会が展開する。彼らには、自然の力が恵みであり脅威であった。力あるものは神（デーヴァ、輝くもの、中国では天《てん》と訳された）として擬人化され、部族の繁栄のために、祈りとともに供物が捧げられた。紀元前十世紀ころに神々への讃歌集がまとめられ、最古のヴェーダ聖典である『リグ・ヴェーダ』が成立した。

最も有力な神はインドラ神（帝釈天《たいしゃくてん》）であり、稲妻を武器とする雨をもたらす神である。それに敵対する悪神はアスラ神群（阿修羅《あしゅら》）と呼ばれた。その他、太陽の神スーリア、地の神プリティヴィーなど多くの神々が挙げられる。それらの神々に供物を届けるアグニ神（火の神）が、日々の祭礼に重要な役割を果たしている。

カースト制の社会

それから二百年ほど時代が下り、紀元前八世紀ころの社会の中心は東へと移り、ヤムナー河とガンジス河の二つが流れるドゥアーブ地方（二河地方）が栄えた。

この時代に、アーリア人の社会の制度や文化の基礎が形成された。神々への讃歌が、祭式の儀礼に用いられ、種々の儀礼の規則が生まれ、新たなヴェーダ聖典が作られた。

部族社会のなかで、祭式が重要な役割を占めるとともに、それを専門とする人びとが現れた。彼らをブラーフマナ（婆羅門《ばらもん》）という。祭式を執りおこなう司祭者である。また部族間の戦いのために戦士を家系とするものたちが現れた。彼らをクシャトリヤ（刹帝利《せっていり》）という。その他の農耕に従事するものや職人たちの家系はヴァイシャ（吠舎《べいしゃ》）という。これは社会の階層分化である。しかしこの三つの階層に属するものはアーリア人であり、征服され支配された非アーリア人はシュードラ（首陀羅《しゅだら》）と呼ばれ、上の三階層に隷属する人びとである。

これを近代のヨーロッパの人びとは、カースト制度（階級制度）と呼んだが、その起源はアーリア人と非アーリア人の区別（この区別の呼称はずっと後代にまで残る）にある。これをインドの言葉ではヴァルナ制度という。人種的な膚の色の区別をあらわすヴァルナ（色を意味する）という語によって、この制度が名づけられたのである。

祭式中心の部族社会

さらに祭式中心の社会のなかで、ブラーフマナを頂点とする階級社会が形成されていった。ブラーフマナは神々に仕えるものとして最も浄化されたものたちであり、下の階級に属するにしたがって不浄となっていくと考えられた。ブラーフマナたちは、自らの浄性をまもるために階級間の混血をさけた。それが各階級ごとにおよび、きわめて閉鎖的な階級社会が形成されることになった。

しかもこの時代にすでにこの四階級のどれにも属さない最下層の人びとへの呼称が見出される。いわゆるアウトカースト（カースト外）の人びとである。

この時代の特徴をまとめていえば、ブラーフマナを頂点とする祭式中心の部族社会ということができる。

（注）この時代に、ブラーフマナを最清浄とするヴァルナ体制が成立し、それと同時期にチャンダーラ（旃陀羅）を最不浄とする不可触民制（触れてはならないほど不浄の賤民とする社会差別）も成立している。ブラーフマナが自らを最清浄なるものとしてヴァルナ社会の最高位に位置づけ、その内的秩序を維持するために、その社会の外部に最不浄の不可触民を必要としたのである。

Ⅲ　王国と交易都市の出現

時代が下り、紀元前六世紀ころは、さらに東のガンジス河中流域が社会の中心地になった。他の諸部族をしたがえる強力な部族が現れ、王国がいくつも生まれた。十六大国とも伝えられるが、その中でもガンジス河の南にラージャグリハ（王舎城《おうしゃじょう》）を首都にするマガダ国と、北にシュラーヴァスティ（舎衛城《しゃえいじょう》）を首都にするコーサラ国の二大強国があった。

部族社会のなかで、諸部族を支配する王権の成立は、クシャトリヤ階級の勢力が格段に増大したことを示すものである。

それぞれの王国の首都とともに、河川沿いの交通の要所には交易都市が出現した。マトゥラー、コーサンビー、ガヤー、バーラーナシー、ヴァイシャーリー（ベーサーリー）などがある。交易が盛んになれば、それによって莫大な富を築く商人が現れる。商人が属するヴァイシャ階級の勢力もまた増大した。

釈尊は、これらの国や都市を何度も訪れ、王やその夫人あるいは商人たちに説いた多くの教説が伝えられている。その時のマガダ国には、ビンビサーラ王（頻婆娑羅王《びんばしゃらおう》）、ヴァイデーヒー夫人（韋提希夫人《いだいけぶにん》）、アジャータサットゥ王子（阿闍世《あじゃせ》）らがいた。またコーサラ国には、パセーナディ王（波斯匿王《はしのくおう》）、マッリカー夫人（末利夫人《まつりぶにん》）、ヴィドゥーダバ王子（毘瑠璃《びるり》）らがいた。

Ⅳ　沙門の時代

紀元前六世紀ころ以降のガンジス河中流域の古代インド社会は、大きな変動期のなかにあった。

武力によって支配する王族と、富の力をもった商人とは、この時代の新興の勢力である。新たな社会勢力の台頭によって、従来からの社会階級の頂点にあったブラーフマナとヴェーダ聖典の権威は、相対的に低下せざるを得なかった。

ヴェーダの宗教は、本来からすれば部族の繁栄を祈ることがその中心にあり、人びとの人生のなかから生ずる問いに答えるものではなかった。そこで、伝統的な宗教を離れて、新たな道を求める人たちが現れた。彼らは沙門《しゃもん》（śramaṇa / samaṇa　勤苦者《ごんくしゃ》）と呼ばれた。新時代の求道者たちである。

沙門たちは、家庭生活を捨てて出家し、乞食《こつじき》によって生活し、定まった住居をもたず遊行《ゆぎょう》し、すべてを求道にかけたものたちである。だからまた彼らは、出家者（pravrajita / pabbajita）とも、比丘《びく》（bhikṣu / bhikkhu　乞食者）とも、遊行者（parivrājaka / paribbājaka）とも呼ばれる。そしてまたその沙門たちは、特に社会の新興勢力に受け容れられ尊敬された。

沙門の課題

では沙門たちが求めた道とは何であったのか。彼らに共通した課題であったと考えられるものを取り出すならば、つぎの五項目を挙げることができる。すなわち、苦、流転《るてん》（輪回《りんね》）、業《ごう》、解脱《げだつ》、涅槃《ねはん》である。これらはすべて、前の時代にはなく、この時代に生まれた思想の言葉である。

苦（duḥkha / dukkha）とは、人生を苦しみと受けとめることである。生きることの悲しみ苦しみが、この時代の思想の基調をなしていた。

流転（saṃsāra）（輪回）とは、苦しみが際限なく繰り返されることを表す。原意は、ともに流されていくこと、漂流することである。輪回ともいわれるが、流転生死《るてんしょうじ》（生死を流転する）あるいは輪転生死《りんでんしょうじ》（生死を輪転する）と漢訳されることのほうが多い。

業（karma / kamma）とは、流転の苦しみをもたらす行為を表す。なした行為の性質に応じてその結果がもたらされると考えられたのである。すなわち業には報いがあるという業報思想である。善なる業には楽果が、悪なる業には苦果があるとされる。

解脱（mokṣa / mokkha）とは、流転の苦しみから解放されることである。

涅槃（nirvāṇa / nibbāna）とは、苦しみから解放された境地を表す。すなわち苦しみの消滅した世界である。この言葉は、もともと、灯火の消えること、荒れ馬が調教されて静まること、細工のために熱せられた金が冷めることなどを表すときに用いられたが、この場合、苦の焦熱が消えた静けさを意味する。

したがって沙門たちの求めたものとは、業によってもたらされる流転の苦から解脱した涅槃であった、ということができる。

生死を流転する、あるいは輪回することは、苦しみの重さを表したものであったが、業報の思想と結びついて、生活世界を物語るようになっていった。

業報による物語世界

当時の沙門たちのなかに、行状図絵をかかげて、これこれの行為をすればこのような果報を得、これこれをすればこのようになると説いてまわっているものがいたと、初期の経典《きようてん》中に伝えられている。これは仏教徒以外のものたちによるものであったが、業報による物語世界がすでに深く生活に浸透していたことを示すものである。

やがて、業報によって生まれていく世界（趣《しゅ》行き先の意味）が語られていった。地獄《じごく》、餓鬼《がき》、畜生《ちくしょう》という苦しみの世界があり、人《にん》、天《てん》という幸せな世界がある、というように。

地獄は、容赦なく責められ恐怖する苦しみを表す。餓鬼は、飢えの苦しみであり、どんなに食べても飽食したという満足が得られない苦しみである。畜生は、動物の生の悲しみを表したものであり、繋がれて自由のない苦しみを表す。人は、人間に生まれたことを表す。天は、神々としての生を表す。

仏教においては、この五趣《ごしゅ》に衆生《しゅじょう》は死して生まれ、流転の生死《しょうじ》を繰り返していると説く。そして、この五趣はいずれも流転の生として苦しみのなかにあるが、なかでも地獄・餓鬼・畜生を三《さん》悪趣《まくしゅ》といい、人・天を善趣《ぜんしゅ》と呼んだ。絶え間のない苦しみのなかで仏教を求める心をおこすことすらできないが故に、地獄・餓鬼・畜生は悪趣なのである。それに対して、仏教を求める心をおこすことができるが故に、人・天は善趣なのである。

（注）初期の経典では五趣（五道《ごどう》）が説かれるが、後の大乗経典になるとそれに阿修羅（asura）を加えて六趣（六道）が説かれる。古代インドのヴェーダ聖典では、インドラ神（帝釈天）の敵である悪しき神々の群れが阿修羅と呼ばれているが、仏教に取り込まれてきたときの性格ははっきりしない。

沙門の戒

出家し乞食遊行の生活をする沙門たちのなかに、自然に生まれた生活態度がある。それを戒《かい》（sīla）という。もとは習慣を意味する言葉であり、自発的な規律あるいは態度を表す。仏教の場合は、不殺生《ふせっしょう》・不偸盗《ふちゅうとう》・不婬《ふいん》・不妄語《ふもうご》・不飲酒《ふおんじゅ》の五戒である。ジャイナ教でもほぼ同じであるが、不飲酒をあげず、無所有《むしょう》の五戒である。

この五戒は、後に在家の戒（不婬ではなく、不邪婬《ふじゃいん》という）とみなされることにもなるが、本来は沙門たちにとっての共通の生活態度であったということができる。

六師外道

当時の高名な六人の沙門たちの思想が伝えられている。仏教の伝承によれば、彼らを六師外道《ろくしげどう》と呼ぶ。プーラナ・カッサパ、マッカリ・ゴーサーラ、アジタ・ケーサカンバリン、パクダ・カッチャーヤナ、ニガンタ・ナータプッタ、サンジャヤ・ベーラッティプッタの六人である。

彼らはみな道を求めて出家し、多くの弟子を率いる師であった。みな共通の課題から出発したが、彼らの到達した結論は大いに異なっている。

プーラナ、アジタ、パクダの三人は、流転することも業報も認めず、苦そのものも認めなかった。したがって解脱する必要もなく涅槃もないことになる。彼らの立場は、断見《だんけん》あるいは無見《むけん》とされる。生命は死によって断絶し、無に帰するにすぎないという見解である。

マッカリ・ゴーサーラやニガンタ・ナータプッタは、当時の苦行主義者たちの代表であり、断《だん》食《じき》を基本とするあらゆる苦行《くぎょう》を実践し、苦からの解脱を求めた。苦行によって肉体を制御し、精神を解放することができると考えたのである。彼らは裸形派《らぎょうは》と呼ばれた。彼らの立場は、常見《じょうけん》あるいは有見《うけん》とされる。死してもなお生命そのものは恒常に存続し流転しつづけるという見解である。ニガンタ・ナータプッタは、ジャイナ教の開祖となった。釈尊と同時代の人である。

サンジャヤ・ベーラッティプッタは、特定の見解をもつことを否認した懐疑論者である。後に釈尊の弟子となったサーリプッタ（舎利弗《しゃりほつ》）とモッガッラーナ（目連《もくれん》）は、もと彼の弟子であった。

このように、紀元前六世紀以降のガンジス河中流域は、沙門の時代と呼ぶことができるほどに、さまざまな立場をもった沙門たちが出現した時代であった。そして釈尊もまた、これらの沙門たちのなかに入っていったのである。

第二節　沙門ゴータマ—仏道の歩みを支える心—

Ⅰ　釈尊の誕生

釈尊は、ルンビニーと呼ばれる森のなかで誕生した。そこから西に三十キロほどのところにカピラヴァットゥという釈迦族の都城があった。釈迦族は、コーサラ国の支配下にある小部族の一つであった。父はスッドーダナ（浄飯王《じょうぼんおう》）、母はマーヤー（摩耶夫人《まやぶにん》）である。生後すぐ母は亡くなり、母の妹マハーパジャパティに養育された。

後に編纂された釈尊の生涯の物語（仏伝ともいう）では、幼少から青年期にかけては、シッダールタ（Siddhārtha 悉達多太子《しっだったたいし》）という呼び名が用いられている。また古くから現れるゴータマ（Gautama / Gotama）という釈尊の呼び名は、おそらく母方の氏名と思われる。

仏伝の誕生物語

仏伝によれば、釈尊は、兜率天《とそつてん》から白象に乗って摩耶夫人の胎内に入り、右脇から誕生し、すぐに歩き出して「天上《てんじょう》天《てん》下《げ》唯《ゆい》我《が》独尊《どくそん》」といった、と物語られている。

紀元前二世紀以降、釈尊が仏陀になったことの意味を明らかにしようと、釈尊の過去の生涯の物語（前生《ぜんしょう》物語）が数多く作られ出した。仏伝の誕生物語は、それらの前生の物語に接続して語られ、最後の生涯における誕生として物語られているのである。すでに業報から自在になった菩薩としての物語でもある。これらの物語がなぜ作られたのかについては、後に改めて考察しよう。

Ⅱ　出家の理由

釈尊は、ヤソーダラーと結婚し、ラーフラ（羅睺羅《らごら》）という息子が生まれた。しかし二十九歳にしてすべてを捨てて出家した。それはいったいどうしてなのか。その理由を伝えているのが四《し》門出遊《もんしゅつゆう》の物語である。この物語もまた、仏伝における創作であるが、後の釈尊の教説にしたがって生まれたものである。

四門出遊

青年ゴータマが、森の散策を楽しむため、都城の東門より出たとき途上に老人に会い、憂悩《うのう》を生じ森の散策をやめて引き返し、また南門より出たときは病人に会い、西門より出たときは死者に会い、同様に憂悩を生じて引き返すことになったが、北門より出たとき出家者に会ったという物語である。

この物語は、釈尊が出家にいたった理由が、老病死という問題にあることを示している。北門から出たとき出家者に会ったというのは、老病死という問題をかかえて出家していくことになったということを語るものであろう。

柔軟経に説かれる老病死

青年時代に老病死という問題にぶつかったということを説いている釈尊の教説が伝えられている。『柔軟経《にゅうなんきょう》』（増支部経典　三・三八）という。

青年であったとき、とても裕福で優雅な生活を送っていたことが、まず回想される。そして、優雅で何の問題もない生活のただなかで、老病死についての思いが起こったという。人はみな老病死のなかにあるのに、自分のことを忘れて、老病死する他者を見ると、困惑、恥、嫌悪の心が生ずる。私もまた老病死のなかにあるのに、老病死する他者を見ると、困惑、恥、嫌悪の心が生ずるであろう。しかしそれは私にふさわしいことではない、と。このように考えたとき、若さと健康と生の憍逸《きょういつ》が消えた、という教説である。

この教説からいくつか示唆されることがある。老病死の問題は、何の不幸に見まわれることがなくとも起こってくる。そして自分自身の老病死を直視することが困難であり、むしろそれを忘れて若さや健康や生きていることをほしいままにたのみとしている（憍逸の心）。そのような心で他者の不幸を見れば、とまどい、嫌うことにもなる。

しかし釈尊はそのとき「それは私にふさわしいことではない」と思ったという。ここに一つの態度決定があったこと、そしてやがて出家していく心が生まれていることを示すものであろう。

Ⅲ　老病死―仏教の問題領域―

釈尊がすべてを捨てて出家しても解かなければならなかった問題は、老病死にあった。そして釈尊が問題にしたことこそが、仏教の基本的な問題領域にほかならない。この問題を解いたが故に、釈尊は仏陀と称されるのである。

われわれもまた、仏教徒であろうとすれば、釈尊と同じ問題を自らの課題にしなければならない。しかしまた、たしかにそうであるとしても、老病死をわれわれ自身の課題にするとはどういうことであるのか。老病死が重大な問題であることは誰もが知っている。誰もまた避けて通れない問題である。そうであればこそ、結局は避けえないことを問題にするにすぎないのではないかという疑念がおこる。

老病死の苦を超えた仏陀釈尊を仰ぎ信じて、われらもまた老病死という問題とは何であるのかをとらえかえしてみよう。その場合の考察の方向を見定めるために、『無量寿経《むりょうじゅきょう》』の一節を手がかりにする。

見老病死《けんろうびょうし》　悟世非常《ごせひじょう》　棄国財位《きこくざいい》　入山学道《にっせんがくどう》　（真宗聖典　三頁）

老病死を見て、世の非常を悟り、国と財と位とを棄て、山に入りて道を学ぶ。

この一節は、『無量寿経』の序分にあり、菩薩たちの生涯を物語るものであるが、釈尊の生涯をその範として語って、きわめて肝要である。

見老病死―問題の地平―

老病死はどこにあるのか。それは身体にある。老病死は身体に現れる。死によって身体が機能しなくなれば、生命を終えることになる。だから生命とは、身体をもって発現しているのである。そしてわれわれはみな、老病死する身体をもって生命を生きているということができる。

このような身体があることに注目するならば、それは人の身体だけではなく、動物から草木にいたるまでみな身体があり生命を生きている。この老病死する身体をもって生命を生きるものを衆生《しゅじょう》（sattva 有情《うじょう》ともいう）という。そしてどんな衆生も、他の衆生の身体を食べ、自らの身体を養うための栄養とする。これが衆生の生命を生きる原則である。

では釈尊が老病死を見たとはどういうことであるのか。それは老病死の苦を見たのであり、老病死を苦として経験したということである。経典には、老病死の苦とあるだけではなく、それにつづいて憂《う》・悲《ひ》・苦《く》・悩《のう》・不安《ふあん》とも説かれている。とすればこのことは、衆生のなかでも人の身体をもって生きる人間の経験が問題になっているということができる。

このような老病死の苦を現代の言葉で表現し直すならば、孤独であり、無力であり、空《むな》しさであり、不安であり、絶望である。あるいはそれは、耐えがたい退屈や、おさえようのないさびしさとしても現れてくるであろう。そしてこれらは、人間であるが故に経験する苦しみであるということができる。

この孤独や不安をもって生きる人間であるということは悲しみである。しかしまた衆生のなかで人間のみが孤独などを経験するということは驚きでもある。苦を超えることが問題になるとすれば、この人間であるということとそのことが問われることになるであろう。

悟世非常—無常を知ること—

世《よ》の非常《ひじょう》を悟《さと》るとは、諸行無常《しょぎょうむじょう》であると知るという意味である。

釈尊をはじめ仏弟子たちはみな、無常を知って出家していったと伝えられている。仏陀になった釈尊の教説は無常であることを繰り返し説いているし、また釈尊の遺言としての最後の言葉も無常であると説く。それほどに諸行無常とは、仏教における最も基本的な思想である。

諸行《しょぎょう》（saṃskārāḥ / saṅkhārā）とは、人間の歴史と文化のなかで、さまざまな意味や価値をもって形をなしたもの、形成されたものの総体を表す言葉である。そしてそれが無常（anitya / anicca）であるとは、変わり壊れ消えていくことである。

しかし、物事が変化することは誰もみな知っている。それなのになぜ無常であると知るというのか。諸行といわれるものが、われわれにとって何を意味するのであろうか。

まずはわれわれの身体が、諸行のなかの代表格であるといえる。そして、親子、夫婦、家庭、仕事、友人、学校、会社、田畑、家畜、あるいは政権、国家、民族、あるいはまた知識、技能、資格、思想、イデオロギーも、みな諸行ということができる。

われわれは、これらを生活の支えとして信頼し、ときには誇りとして喜び、安んじて生きていこうとしている。しかし、老病死を見たもの、すなわち死にゆくものであると知ったものには、これらはもはや確かな支えではない。生活の支えであり喜びであったものが、喜びではなくなり、そこに安らぐことができなくなる。

老病死を見て、無常を知るとは、われわれの人生の意味が根本から問われてしまい、疑いのなかに投げ込まれることである。

棄国財位　入山学道――出家の決意――

釈尊は、国と財と位を捨てて、道を求めた。国は力による支配の喜びを、財は金による欲望の喜びを、位は名誉による喜びをもたらす。力と金と名誉もまた、それを頼みとして安んずることになる諸行の代表である。しかし釈尊は、それが確かな支えではないことを知ってすべてを捨て去った。ここに、確かな支えではないものをもはや信じて喜びとしないという出家の決意が現れている。

Ⅳ　出家する心――求道心の在りか――

釈尊が直面した老病死という問題がいかなるものであるかを見てきた。それは、われわれが死にゆくものであるという問題であるといいかえることができる。死にゆくものにとって、死はなにもかもを奪い去ってしまうものとして現れる。この死を避けることはできない。それならば人生を生きることにどんな意味があるのだろうか。老病死の苦とは、この大いなる疑いのなかに投げ込まれることなのである。

このような苦しみをいだいて釈尊は出家した。しかしここで確かめておかなければならないことがある。釈尊は、なにも信じられず喜びもなく疑うだけの苦しみの心で出家していったのであろうか。出家する心とはどういう心であるのか。

歩み出す心

沙門たちは、出家し乞食遊行の生活をして求道した。釈尊もまた、沙門たちにならって、苦しみからの解脱と苦しみが消えた涅槃を求めて出家したにちがいない。

家を出て家なきものとして出発すること（pra√vraj 前に進む）が、出家と訳されてきた。出家者（pravrajita / pabbajita）とは、出発したものであり、そこには前に向かって歩み出す心がある。したがって出家したとは、苦しみを超えた涅槃を求めて歩み出したということでなければならない。

しかしまた、沙門たちのなかでも釈尊にとっての苦とは、死にゆくものの苦しみである。死にゆくものには、すべてが疑わしい。その疑う心のままにはたして歩み出すことができるであろうか。しかも諸行無常とは、なにひとつ確かな支えがないということである。涅槃といっても有るのか無いのかわからない。沙門たちのなかで語られている言葉にすぎない。いったい何を信じてどこに向かって歩み出すことができたのだろうか。

人生が無常であると、すなわち死にゆくものであると知るならば、それを苦しみとするのではなく、かえっていっそう人生を楽しもうとする心がおこりもするだろう。われわれは苦しみに耐えられないのではなく、喜びがないことに耐えられないのである。

求道心の在りか

しかしそのような喜びを求めても、それは死にゆくものの空しさや孤独を救うものではないことをまた知っている。このような心の葛藤が釈尊にもあったにちがいない。仏伝の一つ（『仏本《ぶつほん》行集経《ぎょうじっきょう》』）は、このような釈尊のすがたをつぎのように物語っている。

老人を見た青年ゴータマは、森での散策をとりやめ、深い憂いをいだいてカピラヴァストゥの城に帰る。しばらくすると青年ゴータマは、欲望の対象をことごとく満たし、楽しみ、遊び戯れた、とある。病人を見て城に引き返した青年ゴータマは、ことごとくの欲望の対象と効果を十分に受けて、昼夜絶えることがなかった、とある。また死者を見て城に引き返した青年ゴータマは、ことごとくの欲望の対象を十分に受けて、心をほしいままにして喜んだ、とある。

物語作者は、すぐに出家していくことができない青年ゴータマのすがたを描いている。そして最後に北の門から出た青年ゴータマは、一人の出家者に出会う。そのとき青年ゴータマの心に、

「これは真実だ」（此れは是れ真なり）と大いなる喜びが生じた、とある。

やがて死によって奪い去られてしまうものを楽しむとしても、それは本当の喜びではない。だから青年ゴータマは、どこにも真実がないと疑っている。では、ここでどうして「これは真実だ」と喜ぶことができたのか。

信頼の崩壊と回復

われわれは、自分の身体や、家庭や、仕事などを信頼しそこに安んじて生活している。信頼が生活の土台となっている。信頼がおけなければ、身をゆだねて生きることができなくなる。その信頼し信ずるということは、それが確かな支えであり真実であると認めることである。信頼できない信じられないとは、それが偽りであると思われ真実と認められないことである。

死にゆくものにとっての空しさと孤独は、どこにも真実がないという疑いであり、なにひとつ信じられるものがないということである。それは生活の土台である信頼の崩壊を意味しているのである。だからまた、青年ゴータマに「これは真実である」と大いなる喜びが生じたとすれば、ここになんらかの意味で信頼の回復があったということになる。

歩み出した沙門ゴータマが「私には信仰があり、勇気があり、智慧がある」と語っている古いエピソードが伝えられている（スッタ・ニパータ　四二五―四三二）。仏陀になる前の出家し苦行している沙門ゴータマの言葉である。このエピソードもまた、信ずるものがあって歩み出したことを物語っている。これもまた初期の仏教徒たちにとっての釈尊観によって生み出された物語であるにちがいない。

真実を求める心

こんなふうに考えてみよう。われわれがどこにも真実がないといって疑い苦しむのは、真実を求めるからである、と。真実を求めることをやめたもの、人生をあきらめたものには、もはや疑う必要がないから苦しみもない。したがって、信じられるものがなにもないと苦しむのは、信じられるもの、真実を求めるからである。

青年ゴータマが「これは真実だ」と喜ぶことができたというのは、自らの内に明らかに真実を求める心があることを認めたが故に、外にもまた、真実を求めて歩む出家者を明らかに認めることができた、ということを示すものであろう。疑い苦しむことそのことを通して、真実を求めているのである。その真実を求める心が明らかに確かにあると認めることが、青年ゴータマにとって、信ずる心の回復である。この心をもって、沙門として歩みを開始したのである。

そして沙門ゴータマが求めた真実とは、何ものによっても奪われることのない、死によってもいささかも失われることのない、確かな生命の意味であるということができる。

V　苦　行

釈尊は出家し、一人の沙門となり、乞食遊行の生活をはじめた。二十九歳のときであった。まず、アーラーラ・カーラーマとウッダカ・ラーマプッタという二人の先生を尋ねたことが伝えられている。仏伝は彼らが禅定《ぜんじょう》のかなり高い段階を教えたと語っているが、おそらく後の教義学に準じて思想的な位置が割りふられたものと思われるが、高名な沙門であったのであろう。しかし釈尊は、その二人の先生のもとを去って、マガダ国の王舎城から南西五〇キロほどのところにある、ガヤーの町の近くのウルヴェーラーの森のなかで、一人で道を求めた。

仏伝はこのように伝えている。沙門ゴータマは、当時の沙門たちにならって、断食などのあらゆる苦行を試みた。食事を日ごとに減らしていき、一日を胡麻あるいは米一粒で過ごすまでにしたという。一麻一米《いちまいちまい》の苦行といわれる。身体はやせ衰え、眼は落ちくぼみ、浮き出した両脇のあばらを皮がおおうだけとなった。そのように勤苦《ごんく》すること六年という。

しかしそれでも目的を達成することができず、この苦行は解脱の道ではないと知る。そのとき沙門ゴータマは、少年時代の体験を思い出した。

樹下思惟

少年ゴータマは、春先に父スッドーダナとともに田を耕す行事に出た。土から出た虫を鳥がついばむのを見て、「衆生や愍《あわれ》むべし、互いに相い呑食《どんじき》す」と慈悲の心をおこし、閻浮樹《えんぶじゅ》のもとで一人そのことに思いをひそめた。そのとき、心が種々の関心から解放され静かになる（離欲寂静《りよくじゃくじょう》）という体験をした。

棄捨苦行

沙門ゴータマは、少年のとき体験した心の静けさこそが解脱への道にほかならないと考え、すべての苦行を捨てて、心静かに思索する道をとることにした。

近くに流れるネーランジャラー河（尼連禅河《にれんぜんが》）で、苦行で疲れた身体を洗い清め、村娘スジャータのさしだした乳粥を受けた。ともに苦行をしていた五人の比丘は、ゴータマは堕落したと思い、そこから去って行った。

沙門ゴータマは、ピッパラ樹の下に坐って、独り静かな思索に入った。

Ⅵ　成　道

後の仏伝では、静かに思索する沙門ゴータマの前に魔王とその三人の娘が現れる。彼らは誘惑と恐喝によって沙門ゴータマの思索をやめさせようとする。沙門ゴータマは、魔をしりぞける。

この物語は、降魔《ごうま》（魔を降伏させる）といわれるものである。魔（māra）とは、道を妨害するものを表す。したがって降魔とは、沙門ゴータマにとって、もはや欲心や恐怖心は道の妨げではなくなり、心は静けさと安らかさを得て思索に集中したことを物語るものだといえる。

そしてやがて、沙門ゴータマは、苦の生ずる因と消滅する因とを観察して、仏陀（buddha）となる。成仏《じょうぶつ》、成道《じょうどう》ともいう。三十五歳のときであった。

第三節　仏陀ゴータマ——縁起の思想——

Ⅰ　菩提樹下の思索

沙門ゴータマは、ピッパラ樹の下に坐して、静かに思索し、ついに覚《めざ》め（菩提《ぼだい》 bodhi）を得るにいたった。覚めた者（buddha）すなわち仏陀となったのである。

沙門ゴータマがその下で覚めを得たピッパラ樹は、菩提樹と呼ばれることになる。また沙門ゴータマは、仏伝によれば、草刈り人からもらった草を敷いて坐ったと伝えられている。仏陀となったその場所は、後に石の台座が据えられ、金剛宝座《こんごうほうざ》と呼ばれている。何ものによっても壊れることのない堅固な生命の意味を見いだした場所だからである。

沙門ゴータマの覚めを語る詩がある。

ひたすら静かに思索しているブラーフマナ（求道者）に、諸の法《ほう》（dharma）が現れるとき、そのとき彼のすべての疑惑は消失する。なぜなら彼は因とともに法を知るからである。（パーリ律　大品）

沙門ゴータマの心に諸法《しょほう》が現れ、そのとき彼の疑惑が消えた、とある。疑惑が消えることが、苦しみの消滅である。そしてそれは諸法が現れたときであるという。諸法が明らかになったということを意味する。それはつまり苦の因を知ったということにほかならない。苦の因を知って、疑惑が消えた。これが覚めである。そのことをここに引いた詩は「なぜなら彼は因とともに法を知るからである」という。これとは別に、「なぜなら彼は因とともに苦を知るからである」とする経句も伝えられている。（『ウダーナ・ヴァルガ』三三・七六）

これらの詩から、沙門ゴータマの思索は、苦の因を明らかにすることであったと理解することができる。ここでいう「法」（dharma / dhamma）については、後でとりあげる。

Ⅱ　縁起の観察―苦はどこからくるか―

菩提樹の下における沙門ゴータマの思索は、縁起《えんぎ》の観察と呼ばれている。縁起（pratītya-samutpāda / paṭicca-samuppāda）とは、縁《よ》って起こること、すなわち原因があって生ずるという意味である。

苦の生起の観察

沙門ゴータマの問題は老病死の苦である。その苦について縁起の観察がおこなわれたことになる。つまり沙門ゴータマは、老病死の苦に原因があると考えたのである。その思索は、つぎのように開始されている。

何があるとき老死があり、何に縁って老死があるのか。
生《しょう》があるとき老死があり、生に縁って老死がある。

ここでの老死（jarā-maraṇa）とは老病死の苦をいう。それは何に縁って起こるのかという問いが、観察のはじめにある。そしてそれに自ら答えている。生（jāti）に縁って老死がある、と。この生とは、誕生、生まれたことである。老病死の苦があるのは生まれたからである、と観察したのである。

観察はさらに続く。

何があるとき生があり、何に縁って生があるのか。
有《う》があるとき生があり、有に縁って生がある。

有（bhava）とは、あること、なることを原意とするが、ここではなんらかの境涯《きょうがい》にあることを意味する。さらに観察は続く。

何があるとき有があり、何に縁って有があるのか。
取《しゅ》があるとき有があり、取に縁って有がある。

取（upādāna）とは、受け取ること、自分のものにすることを意味する。さらに観察は続く。

何があるとき取があり、何に縁って取があるのか。
渇愛《かつあい》があるとき取があり、渇愛に縁って取がある。

渇愛（tṛṣṇā / taṇhā）とは、喉の渇いたものが水を求めるように、渇き求めることを意味する。
このように、渇愛に縁って老病死の苦が生ずると観察されたことになる。

老病死の苦が何に縁って生ずるのかが観察された後、その苦の消滅はいかにして達成されるかが観察される。それはこのように開始されている。

苦の消滅の観察

何がないから老死がなく、何の消滅から老死の消滅があるのか。
生がないから老死がなく、生の消滅から老死の消滅がある。

前にすでに苦の因が観察されたので、その因の消滅から苦の消滅があると観察していくのである。以下、問いを省けば、その観察はつぎのようである。

有がないから生がなく、有の消滅から生の消滅がある。
取がないから有がなく、取の消滅から有の消滅がある。
渇愛《かつあい》がないから取がなく、渇愛の消滅から取の消滅がある。

このようにして、渇愛の消滅から老病死の苦の消滅があると観察されている。

縁起の観察が意味するもの

縁起の観察は、種々の形式で、数多くの教説として伝えられている。そのなかでも、老死から渇愛にいたるまでの縁起の観察が最も基本的なものである。初転法輪《しょてんぽうりん》（最初の説法）である四聖諦《ししょうたい》の教説も、苦の因は渇愛であるという観察にもとづいて説かれている。

「老病死の苦はどこからくるのか」。このような問いが成り立つということ自体が驚きである。つまり、孤独や寂しさ、不安、空しさ、疑いは、いったいどこからくるのかと問うことだからである。この問いの答えが、「生まれたからである」と観察されている。問いだけではなく、その答えも驚きである。孤独や疑いで苦しむのは、衆生のなかでも、ことに人間であることによる。だから、人間として生まれたから老病死の苦しみがあると観察されているのだと了解することにしよう。

その人間として生まれたことは何に縁るのかという問いは、人間であるということがどうして成り立っているのかという、人間であることの成立要因が問われているのだといえよう。それが、有《う》に縁る、すなわちなんらかの境涯にあることに縁ると観察されている。

鳥でも魚でもなく人として生まれたということも、境涯をもって生まれたということである。したがって、人に限らず、衆生が生まれるということは境涯をもつということである。しかし、人間であるが故に、地位や財産や名誉に関わって、自らの境涯を喜びとしまたそれを悩みともする。そして老病死によって境涯を失うことを苦しむことになる。

では境涯にあること、境涯をもつことは、何に縁るのか。この問いは、自らがなんらかの境涯にあること、そしてそれを喜びともするということが、どうして成り立つのかという問いである。

それは、取《しゅ》に縁る、すなわち自分のものにするということを要因としていると観察されている。ここに自己（我）があり、ここに自己のもの（我所）があると思って自らの境涯を喜ぶのである。そして人間であるが故に、生まれによって与えられた限りの境涯に満足することなく、さらに自分のものとしてさまざまなものを獲得し所有することによって、より豊かな境涯のなかで、価値あるものとなって自らの人生を生きようとする。

では自分のものにすること、獲得し所有して喜ぶことは、何に縁るのか。それは、渇愛《かつあい》に縁る。すなわち、渇き求めるが故に、自分のものにするのであると観察された。所有するのは、渇き求めるからであると。観察はまずここまでである。渇愛すなわち渇き求めることが、苦しみの根本原因である。

ではいったい何を渇き求めているのであろうか。釈尊の教説には「名色《みょうしき》（nāma-rūpa 名称と形態）に対する渇愛」としばしば説かれている。名前や形あるもののうえに渇愛の心が生ずるということを説くものである。名前や形あるもののうえに、渇き求めるものを見いだすが故に、その名前や形あるものを自分のものにするということである。

渇き求めているもの、それは自己であり、自己の意味であり、喜びである。渇愛の心とは、自己を渇き求める心である。私は私でありたいという祈りともいえる心が、渇愛の中心にある。だから自らの外に、名前や形あるもののうえに、渇いたもののように自己を追い求めるのである。
この渇愛の心が消滅することによって、老病死の苦が消滅する。この観察そのものによって、沙門ゴータマ自身がその消滅に達成したことをも意味する。仏陀ゴータマとは、老病死の苦を超えたものだからである。

Ⅲ 種々の縁起説

縁起の観察の基本的な意味について考察した。しかし教説中には、種々の形式で縁起説が説かれている。そのなかでも代表的なものに、観察が渇愛でとどまるもののほか、さらに観察が識《しき》（**vijñāna / viññāṇa**）まですすむもの、さらにまた無明《むみょう》（**avidyā / avijjā**）にまでいたるものがある。老死から渇愛まで観察されるものは、五項目からなるので五支縁起説ということができる。老死から識にいたるものは、十支縁起説といわれる。そして老死から無明にいたるものが、十二支縁起説と呼ばれる。

老死→生→有→取→**渇愛**→受→触→六処→名色→**識**→諸行→**無明**

十支縁起説

老病死の苦の因が渇愛まで観察されたが、それにとどまらずさらに渇愛の心の成立の要因が観察され、受《じゅ》に縁って渇愛あり、触《そく》に縁って受あり、六処《ろくしょ》に縁って触あり、名色《みょうしき》に縁って六処あり、識《しき》に縁って名色あり、とすすむものである。ただしこの十支縁起説の場合のみ、最後の「識に縁って名色あり」と観察されたすぐ後に「名色に縁って識あり」と説かれている。すなわち識と名色は、互いに縁って生じていると観察されている。

渇愛は受に縁る。受（vedanā）とは、苦楽、快不快を感ずることをいう。私たちは、生活のなかで種々に経験するごとに、瞬時にそれを快不快や苦楽として感じとっている。そのような生活のなかで渇愛の心が生じ、自己にふさわしいものを追い求めていくのである。

受は触に縁る。触（sparśa / phassa）とは、接触を意味し、知覚とその対象が接触することである。その接触によって苦楽の受が生ずる。

触は六処に縁る。六処（ṣaḍ-āyatana / saḷ-āyatana）とは、眼耳鼻舌身意《げんにびぜっしんい》という六つの知覚機能のことである。六根《ろっこん》ともいう。この六つは、順に、視覚、聴覚、嗅覚、味覚、触覚、思考を表している。

六処は名色に縁る。名色（nāma-rūpa）とは、名前や形あるものを意味する。この場合、六つの知覚機能の対象となる色声香味触法《しきしょうこうみそくほう》の六境《ろっきょう》のことである。それらは順に、形、音声、香り、味、身体で触れられるもの、思考されるものを表している。先の六根（内の六処）と六境（外の六処）を合わせて十二処《じゅうにしょ》ともいう。

名色は識に縁る。識（vijñāna / viññāṇa）とは、知るという心の中心のはたらきを意味する。ここまでで観察はいったん終わる。したがって知ることが、渇愛の心、ひいては苦の、根本にある成立要因であると観察されたのである。

十二支縁起説

さらに、識の成立要因が観察される。

識は諸行に縁る。諸行（saṃskārāḥ / saṃkhārāḥ）とは、なんらかの意味をもって形成されたものすべてを意味する。諸行無常という場合の諸行にほかならない。知るという経験が成り立っている歴史的世界すべてということができる。そこに形成されているものはすべて、時代と社会によって異なりながらも、なんらかの意味と価値が与えられている。その意味や価値をそなえたものを知ることが、諸行に縁って生ずる識といわれている。

諸行は無明に縁る。無明（avidyā / avijjā）とは、無知を意味する。真実を知る智慧を明《みょう》という。したがって無明とは真実を知る智慧がないことである。これで観察は終わる。

縁起の観察は、老病死の苦を結果したものと見て、その原因を観察する。十二支縁起説によっていえば、老死からはじまって無明にいたる観察がおこなわれる。そして無明から引き返して、再び観察されたことが確かめられ、無明に縁って諸行あり、諸行に縁って識あり、と繰り返され、最後に「生に縁って老死、憂い、悲しみ、苦しみ、悩み、不安が生ずる。このようにして、このただ苦しみだけの集まりの生起がある」と説かれる。

観察の順序

このような観察は、後に整理されて、逆観《ぎゃっかん》による観察と順観《じゅんかん》による観察と名づけられている。結果から原因を観察することが逆観であり、原因から結果を観察することが順観である。そして苦の生起《しょうき》を観察することは、流転分《るてんぶん》の観察といわれる。

苦の消滅についても同様に、逆観と順観の観察があり、最後に「生の消滅から、老死、憂い、悲しみ、苦しみ、悩み、不安が、消滅する。このように、ただ苦しみだけの集まりの消滅がある」と説かれる。そしてこの苦の消滅の観察は、還滅分《げんめつぶん》の観察といわれる。

ただし、阿含経典においては、流転分の観察を順観といい、還滅分の観察を逆観と名づけている。

諸法の現観

いくつかの縁起の教説では、「何に縁って老死があるのか」という問いの後に、「私に、如理作意《にょりさい》（あるがままに心を向けること）にもとづく慧《え》による現観《げんかん》（明らかな理解）が生じた」といって「生に縁って老死がある」と説かれ、観察のたびに「現観が生じた」と繰り返されていく。

そして苦の生起（流転分）について、逆観と順観の観察を終え、このように説かれている。

「これが生起である。これが生起である」と、比丘たちよ、私にいまだ聞いたことのない諸法についての眼《げん》が生じ、智が生じ、慧が生じ、明が生じ、光が生じた。

苦の消滅（還滅分）についても同様に説かれる。

「これが消滅である。これが消滅である」と、比丘たちよ、私にいまだ聞いたことのない諸法についての眼が生じ、智が生じ、慧が生じ、明が生じ、光が生じた。

ここで「いまだ聞いたことのない諸法」といわれているものは、老死からはじまる、苦の因として観察された各項目を指している。つまり、老死から無明にいたるまでが、諸法と呼ばれているのである。そしてそれら一つひとつが観察されるたびに「現観が生じた」といわれ、最後に

「眼が生じ、智が生じ、慧が生じ、明が生じ、光が生じた」と説かれていることになる。

すなわち、苦の因が明らかになったということが、諸法の現観が生じた、諸法についての眼・智・慧・明・光が生じたと説かれているのである。そして先に引いた沙門ゴータマの覚めを語る詩で「諸の法が現れるとき、そのときかれのすべての疑惑は消失する」と説かれていたのは、この同じ事態を意味しているのである。

法（dharma / dhamma）という語の意味を確定するのは困難であり、しかも多様に用いられている。ただここでは、智慧によって現観された苦と苦の因が諸法であると説かれ、苦の消滅やそれをもたらす智慧もまた諸法と説かれる、ということを確認しておくことにしよう。そしてこのように明らかにされた諸法が仏陀の教説として言葉をもって説かれるとき、その教説もまた法と呼ばれることになる。そこで、智慧によって現観された諸法は「所証《しょしょう》の法」（証《しょう》された法、経験された法）といい、それについての教説は「所説《しょせつ》の法」（教説された法）といって区別される。

第四節　初転法輪と僧伽の成立

I　梵天勧請―不死の門―

菩提樹の下で仏陀になったゴータマは、しばらくの間、自ら覚めた諸法を味わい楽しんだ。そのときの一つの挿話が伝えられている。梵天勧請《ぼんてんかんじょう》の物語（パーリ律　大品、相応部経典　六・一・一）といわれるものである。その概要はこのようである。

仏陀ゴータマにこのような思いがおこった。私が覚めた法は、深遠であり、見がたく、理解しがたいものである。世間の人びとは、執着《しゅうじゃく》を楽しみ喜んでいる。このように執着を楽しみ喜んでいる人びとは、苦しみに因があるという縁起の道理を理解することはできないであろう。私が法を説いたとしても、人びとが理解しないならば、それは徒労ではないか、と。仏陀の心は、法を説くことに気が進まなくなった。

そのとき、サハー（娑婆《しゃば》）世界の主と呼ばれるブラフマン神（梵天）が仏陀の心を知って、このままでは世界が滅びてしまうと思い、仏陀の前に現れ、不死の門を開いてください、法を説いてください、と勧請《かんじょう》（法を説くことを勧め請うこと）した。

仏陀は、ブラフマン神の勧請を知り、世界には汚《よご》れ多きもの汚れ少なきもの種々の衆生がいることを見てとって、ブラフマン神にこのように応えた。

耳あるものたちは、信仰をおこすがよい。かれらに不死の門は開かれた。人びとに害あることを思い、微妙で卓越した法を説かなかったのだ、ブラフマンよ。

このようにして仏陀が法を説くにいたったのであると物語られている。

これは、仏陀ゴータマの心中を物語る一巻の心理劇ともいえるが、初期の仏教徒が生み出した古い伝承といってよいであろう。この物語が伝えようとすることに、二つのことがある。仏陀が覚めた法は甚深難解《じんじんなんかい》であるということと、仏陀によって説かれる教説は不死の門であるということである。

法が甚深難解であるというのは、執着を楽しみ喜びとする人びとの心にとって難解なのである。貪《むさぼ》りをほしいままにし深い闇に覆われているものたちには、それを見ることができないからである。だから「耳あるものたちは、信仰をおこすがよい」という。法を受け容れることができる信仰の器を差し出しなさいという意味である。

（注）「信仰をおこすがよい」を、「信仰を捨てるがよい」と読む解釈もある。これまでの信仰の心を捨てて、法を受

け容れることのできる信仰の心をおこせ、という意味になる。

では、仏陀がこれから説きはじめる教説はいったい何のためなのか。それは、不死の門であるという。不死とは、老病死の苦の消滅である涅槃を意味する。教説とは、不死の境地にいたるための門である。すなわち、教説という門を通ることによって、不死の境地に達することができるのである。

Ⅱ　四聖諦の教説―仏教の基本形―

仏陀ゴータマは、彼のもとを去っていった五人の比丘たち（五比丘《ごびく》）に、最初に法を説くことにしようと、彼らのいたバーラーナシーの近郊の鹿野苑《ろくやおん》（ミガダーヤ、現サールナート）に向かった。ゴータマは堕落したと思っている五比丘たちは、挨拶もしまいと取り決めたのであるが、思わず起ちあがって、名前であるいは友よといって迎えた。

仏陀はいう。「如来《にょらい》を、名前であるいは友よといって、呼びかけてはならない。如来は、阿羅《あら》漢《かん》であり、正覚者《しょうがくしゃ》である。比丘たちよ、耳をかたむけよ。不死が達成された。私は、教え、法を説こう」と。

五比丘たちは、はじめはとまどうが、やがて納得し、仏陀ゴータマの言葉を聞こうと、耳をかたむけることになった。そして最初の説法が開始された。

初転法輪

そのとき、世尊は、五比丘に語られた。

比丘たちよ、家なきものとして出発したもの（出家）が近づいてはならない二つの極端（二辺）がある。二つとは何か。さまざまの欲望の対象に向かって愛欲や快楽をほしいままにすることは、卑しく、低劣であり、凡夫《ぼんぶ》のすることであり、聖者《しょうじゃ》のすることではなく、目的にかなうものではない。また、自らの疲労にふけることは、苦しみであり、聖者のすることではなく、目的にかなうものではない。比丘たちよ、如来は、この両極端に近づかず、中道《ちゅうどう》を覚知した。これは、眼を生じ、智を生じ、静寂、叡知、覚知、涅槃をもたらすものである。

では比丘たちよ、如来が覚知した、眼を生じ、智を生じ、静寂、叡知、覚知、涅槃をもたらす、その中道とは何か。この聖なる八支からなる道（八正道《はっしょうどう》）である。すなわち、正見《しょうけん》、正思《しょうし》、正語《しょうご》、正業《しょうごう》、正命《しょうみょう》、正精進《しょうしょうじん》、正念《しょうねん》、正定《しょうじょう》である。比丘たちよ、これが、如来が覚知した中道であり、眼を生じ、智を生じ、静寂、叡知、覚知、涅槃をもたらすものである。

比丘たちよ、これが苦という聖なる真実（苦聖諦《くしょうたい》）である。すなわち、生まれることも苦であり、老いることも苦であり、病むことも苦であり、死ぬことも苦である。憎いものに会うことは苦であり、愛するものと別れることは苦である。欲するものが得られないのも苦である。要約して、五取蘊《ごしゅうん》は苦である。

比丘たちよ、これが苦の生起《しょうき》という聖なる真実（集聖諦《じっしょうたい》）である。すなわち、この渇愛《かつあい》が、次の境涯をもたらすのであり、喜びや貪りをともない、いたるところに喜びを見いだすのである。それは、欲望の対象への渇愛（欲愛《よくあい》）、境涯への渇愛（有愛《うあい》）、境涯にないことへの渇愛（非有愛《ひうあい》）である。

比丘たちよ、これが苦の消滅という聖なる真実（滅聖諦《めっしょうたい》）である。すなわち、その渇愛をまったく離れ、滅することであり、棄捨し、放棄し、解放され、執着なきことである。

比丘たちよ、これが苦の消滅にいたる道という聖なる真実（道聖諦《どうしょうたい》）である。この聖なる八支からなる道であり、すなわち、正見、正思、正語、正業、正命、正精進、正念、正定である。

（パーリ律　大品、相応部経典　五六・一一）

仏陀の説法は、転法輪《てんぽうりん》（法輪《ほうりん》を転ずる）といわれる。それは、古代の世界を統治する王が転輪《てんりん》聖王《じょうおう》と呼ばれることにたとえたものである。転輪王（戦車の車輪を転ずる王）とは、武力によって世界を征服統治する王である。それに対して、法の車輪を転じて法を世界に広めるから、仏陀の説法が転法輪といわれるのである。したがって法輪は仏教の象徴である。

中　道

ここにまず、楽と苦との二極端に近づかない中道が説かれている。そしてその中道とは、正見からはじまる八正道であると説かれる。

楽の極端とは、老病死の苦を見ずに人生をほしいままに楽しもうとする態度である。苦の極端とは、老病死の苦の因を正しく見ずに苦を排除しようと、身体を制御し苦しめる態度である。老病死の苦を苦としてありのままに見ることが、これらの両極端に近づかない中道であり、正見である。また釈尊は後に、正見とは有と無の二極端に近づかない中道であるとも説いている。そして、如来はその中《ちゅう》によって法を説くのであるといって、縁起説が説かれている。これも老病死の苦を如実に見ることが主題となって、有無を離れた中道が正見であると説かれている。

四聖諦

中道によって明らかにされた四つの聖なる真実（四聖諦）とは、苦聖諦・集聖諦・滅聖諦・道聖諦の四つである。「諦《たい》」（明らかにあるもの）とは、サンスクリット語 **satya**（本当にあるもの）の漢訳であり、真実を意味する。また「聖《しょう》」（ārya）というのは、聖なる心のものたちにとっての真実であることを表す。凡夫《ぼんぶ》（prthagjana 異生《いしょう》とも訳す）とは仏陀の教えを聞いたことのないものであり、聖者《しょうじゃ》とは仏陀の教えを聞いて真実に向かって心開かれたものである。その真実に向かって心開かれたものたちだけが、四聖諦を知ることができるからである。

苦という聖なる真実（苦聖諦）とは、生老病死の四苦と怨憎会苦《おんぞうえく》と愛別離苦《あいべつりく》と求不得苦《ぐふとくく》と五取《ごしゅ》蘊苦《うんく》とであり、四苦八苦といわれるものである。生苦は、老病死の苦をもたらす生まれであるから苦である。これは、縁起の観察によるものである。五取蘊苦とは、さまざまな苦をまとめていい表したものである。生活経験のすべてを五つの要因（五蘊《ごうん》）でおさえ、それらを自己のものとすることからすべての苦がもたらされるとする（古くは五盛陰苦《ごじょうおんく》と訳された。後には五陰盛苦《ごおんじょうく》ともいわれることになった）。生活経験すべてが苦であるという意味である。

苦の生起という聖なる真実（集聖諦）とは、苦の生ずる因についての真実である。縁起の観察ではさまざまな苦の因が明らかにされているが、ここではそのなかの渇愛が苦の因とされている。そして渇愛の対象が三つ挙げられている。欲望の対象への渇愛（欲愛）と、なんらかの境涯への渇愛（有愛）と、境涯にないことへの渇愛（非有愛）とである。

苦の消滅という聖なる真実（滅聖諦）とは、苦の因である渇愛の消滅によって苦が消滅するという真実である。それが涅槃である。

苦の消滅にいたる道という聖なる真実（道聖諦）とは、聖八支道であり、八正道ともいわれる。聖なる道であるから、真実に向かって心開かれたものが歩む道である。沙門ゴータマがそれを歩み、仏陀になった道である。

八正道

(1)正見《しょうけん》とは、正しい見解（dṛṣṭi）である。すなわち、苦をありのままに見ることであり、苦には因があると見ることである。

(2)正思《しょうし》とは、正しい意志（saṃkalpa）である。苦ありと如実に見ることにしたがって、その苦を超える道をめざす意志である。あるいは、正しい思惟と解する場合もある。ここでは、つぎに続く正語、正業との関連で、意業・語業・身業の三業が説かれていると解して、正しい意志とする。

(3)正語《しょうご》とは、苦を超える道を歩むものにとっての正しい言葉（vāc）である。

(4)正業《しょうごう》とは、苦を超える道を歩むものにとっての正しい行ない（karmānta）である。

(5)正命《しょうみょう》とは、苦を超える道を歩むものにとっての正しい生き方である。命（ājīva）とは、活命《かつみょう》のことであり、生活の糧《かて》をうるための生業《なりわい》を意味する。たとえば反対に、食べられなくなって出家し比丘になったものを、邪命《じゃみょう》の比丘という。

(6)正精進《しょうしょうじん》とは、正しい勇気である。精進（vīrya）とは勇気を意味する。苦しみを超える道ありと信じて歩み出す勇気である。漢訳の精進は、こころ（精）をこめて進むことを表す。勤《ごん》（こころをひきしめて力をつくすこと）とも訳される。

(7)正念《しょうねん》とは、正しい憶念である。念（smṛti）とは忘れないことである。苦であり、諸行無常であるという真実を、忘れずに憶念していることである。

(8)正定《しょうじょう》とは、正しく心を一つに定めて集中することである。定《じょう》（samādhi）は、三昧《さんまい》とも音写される。心を集中して深く思惟することである。

Ⅲ　僧伽の成立

法眼

釈尊が鹿野苑で四聖諦の教説を説いたとき、五比丘の一人コンダンニャ（憍陳如《きょうじんにょ》）に浄らかで汚れのない法眼《ほうげん》（遠塵離垢法眼浄《おんじんりくほうげんじょう》、あるいは遠塵離垢浄法眼と漢訳されることもある）が生じた。法眼が生じたとは、釈尊が縁起の観察において現観したその同じ諸法を見る心がコンダンニャに生じたということである。

そのとき釈尊は、感きわまり「ああコンダンニャはさとった（aññāsi 証知した）。ああコンダンニャはさとった」という言葉を発した。それで彼はアンニャータ・コンダンニャ（**aññāta-koṇḍañña** さとったコンダンニャ）と呼ばれることになったといわれる。甚深難解の法がはじめて伝わったのである。

やがて五比丘の他の二人ヴァッパ（婆沙波《ばさば》）とバッディヤ（跋提《ばつだい》）にも法眼が生じた。そこで、三人がバーラーナシーに乞食に出かけ、釈尊は他の二人に教説し、もらってきた施食《せじき》を六人で食べて過ごすこととなる。そしてついにマハーナーマ（摩訶男《まかなん》）とアッサジ（馬勝《めしょう》）の二人にも法眼が生じたのである。

五比丘は釈尊のもとで改めて出家し仏弟子となることを願い出た。釈尊は「来たれ、比丘」といって、彼らが仏弟子となることを認可された。

僧伽

ここに、まったく新たな人間関係にもとづく集まりが成立することとなった。それは僧伽《サンガ》《そうぎゃ》（saṅgha）と呼ばれる。当時のインドでは、職人たちの利益を保護するための組合などをはじめとするさまざまな人びとの集まりが僧伽と呼ばれていた。ここに成立した仏教の僧伽は、仏陀の法（教説）のもとに開かれた人間関係による集まりである。したがってこの仏教の僧伽は、仏陀の教えのもとに苦しみを超えていこうと、心を一つにして、歩むものたちの集まりである。

そして、覚者である仏陀と、その教説である法と、そのもとに歩む人びとの集まりである僧伽とは、仏道を歩むものたちにとっての最高のよりどころであるから、三つの宝であり、仏法僧《ぶっぽうそう》の三宝《さんぼう》（tri-ratna）と呼ばれる。

Ⅳ　無我の教説

釈尊は、鹿野苑で五比丘に向かって、第二の教説を説いた。無我《むが》の教説である。

そこで世尊《せそん》は、五比丘たちにいった。

「比丘たちよ、色《しき》は自己ではない。比丘たちよ、もしこの色が自己であるとするなら、この色は悩みをもたらすことはないであろうし、また色に対して私の色はこのようであって、私の色はこのようであってはならないということができるであろう。しかし比丘たちよ、色は自己ではないが故に、それ故に色は悩みをもたらし、また色に対して私の色はこのようであって、私の色はこのようであってはならないということができないのである。比丘たちよ、受《じゅ》は、想《そう》は、諸行《しょぎょう》は、識《しき》は、（以下同文が続く）。」

「比丘たちよ、これをどう思うか。色は常であるか無常であるか。」「無常です、尊師よ。」「では無常なるものは、苦であるか楽であるか。」「苦です、尊師よ。」「では無常にして苦であり変化する性質のものを、これは私のものである、これは私である、これは私の自己であると見るのはふさわしいことであろうか。」「そうではありません、尊師よ。」「受は、想は、諸行は、識は、(以下同文が続く)。」

「比丘たちよ、それ故にここで、どんな色も、過去であれ未来であれ現在であれ、内にあれ外にあれ、粗大であれ微細であれ、劣ったものであれ上等なものであれ、遠くにあれ近くにあれ、そのすべての色を、これは私のものではない、これは私ではない、これは私の自己ではないと、このようにこれを如実に正しい慧をもって見なければならない。どんな受も、どんな想も、どんな諸行も、どんな識も、(以下同文が続く)。」

「比丘たちよ、このように見る多聞《たもん》の聖弟子《しょうでし》は、色にも厭離《おんり》し、受にも厭離し、想にも厭離し、諸行にも厭離し、識にも厭離する。厭離して離欲《りよく》する。離欲した後に解脱する。解脱したときに、私は解脱したという智が生ずる。生《しょう》は尽きた、梵行《ぼんぎょう》は成就した、なすべきことはなしおわった、ふたたびこのような事態をまねくことはないと知る、と。」

このように世尊は語った。五比丘は得心して、世尊の語られたことを喜んだ。そしてまたこの教説が説かれたとき、五比丘の心は、なにものにも依ることなく、諸の漏《ろ》から解脱した。

そしてその時、世間に阿羅漢《あらかん》は六人となった。（パーリ律　大品、相応部経典　二二・五九）

無我の教説は、色・受・想・行・識という五蘊の一つひとつが自己（ātman / attan 我）ではないという確認からはじまっている。そして、これらはみな無常で苦なるものであるからそのすべてを「これは私のものではない、これは私ではない、これは私の自己ではない」と如実に見なければならない。そうやって諸の漏から解脱するのである、と説かれている。

五　蘊

五蘊の「蘊《うん》」（skandha / khandha）は、かさばったものとか集積を意味する。旧訳《くやく》では「陰《おん》」という。自己のものとするという意味の「取《しゅ》」（旧訳では盛《じょう》）をくわえて五取蘊（五盛陰）ともいう。五つの一つひとつを、色蘊、受蘊、想蘊、行蘊、識蘊という。

（注）漢訳経典で、玄奘（七世紀半ば）以降のものは新訳と呼ばれ、それより前の漢訳は旧訳と呼ばれる。また鳩摩羅什（五世紀初頭）より前の漢訳は古訳ともいう。

色（rūpa）とは、まずは眼に見える形であるが、ここでは色声香味触の五境すべてを意味している。音声も香りもみな形をもっているものと考えるからである。

受（vedanā）とは、苦楽や快不快の感情である。

想（saṃjñā / saññā）とは、山、村、男、女などという、言葉にもとづいた表象である。

行（saṃskārāḥ / saṃkhārā）とは、諸行であり、なんらかの意味をもって形成されたものすべてを意味する。

識（vijñāna / viññāṇa）とは、知ることであり、心の中心のはたらきである。

これら五つ（想を除いて）は、すでに縁起の観察のなかで現観されたものである。だからこれら五つも基本的には苦の因であると見なさなければならない。ここでは、特にこれら五つが、わたしたちの経験のなかで自己と見なされるものの代表として説かれていると考えられる。しかもこれら五つの代表例で、自己と見なされるものすべてがつくされているのである。

したがって、これら一つひとつが自己ではないことの確認は、生活経験全体のなかでどこにも自己がないこと、すなわち無我であることを意味する。

諸法無我

釈尊は、その生涯にわたって無我の教説を何度も繰り返して説かれている。仏教は、要約すれば、無我の教えであるともいわれる。では、この教説は何を説こうとするものなのか。

どんな教説もかならずそこにそれを聞く人がいる。その人の心に向かって教えが説かれる。したがって教えは、それを聞く人の課題あるいは問題領域に対して説かれるのである。だからわたしたちもまた、そこにあると考えられる課題のもとに教えを理解しようとするのでなければならない。その課題あるいは問題領域が、教説の言葉を理解するための脈絡となるのである。

したがってここに「どこにも自己がない」「無我である」と説かれているからといって、この教説は自己が存在しないことを説き明かしたものであると理解するだけでは不十分である。教説の課題すなわち聴聞者の課題が理解されなければならないからである。

ここに「どこにも自己がない」と説かれたのは、どこにでも自己を認めようとする心（我執《がしゅう》）があるからである。そしてこのあらゆるもののうえに自己を追い求める心とは、初転法輪で説かれた四聖諦の教説の中の集聖諦、すなわち渇愛の心のことである。渇愛とは、自己の喜びあるいは自己の意味を、外に、形あるもののうえに追い求める心であった。縁起の観察において、この渇愛の心から苦しみが生ずると現観された。そしてそれが、四聖諦の教説において、集聖諦すなわち苦の生起の因の真実として説かれたのである。だからこの無我の教説もまた、我執として現れた渇愛の心に対して「無我である」と説かれているのであり、老病死の苦を超えるための教説なのである。

五蘊の一つひとつは、縁起の観察において現観された苦の因という意味をもった諸法でもある。したがってここで苦しみを引き起こす諸法を自己ではないと如実に見ること（如実知見《にょじつちけん》）が説かれているのである。それが諸法無我《しょほうむが》の教えである。

（注）ヴェーダの伝統的宗教は、沙門たちによる苦からの解脱という課題の影響を受けて、ウパニシャッドと呼ばれる哲学的思索を展開した。そこでは、人間の背後に真の自己（アートマン）が存在し、それが神と一体のものであると認識する知によって解脱するのだという説を展開している。

阿羅漢

この無我の教説が説かれたとき、五比丘たちはみな、諸の漏《ろ》（āsrava / āsava）から解脱して、阿羅漢《あらかん》（arhan / arahan）となったといわれる。漏とは、渇愛や無明をはじめとする苦しみをもたらす心を意味する。すべての漏が消滅したものは漏尽《ろじん》（kṣīṇāsrava / khīṇāsava）といわれ、阿羅漢であることを意味する。

阿羅漢とは、もと「ふさわしいもの、値するもの」を意味する語であるが、特に沙門たちに対して「供養《くよう》をうけるに値するもの」という意味での称号として用いられた。供養（pūjā）とは、花や香を捧げて尊敬を表す行為である。したがって阿羅漢とは、尊敬に値するものという意味である。だからまた応供《おうぐ》（供養を受けるにふさわしいもの）とも漢訳される。

沙門とは、苦しみを超える道を求めて歩み出したものである。そしてその道がついに見いだされ、その道を成就した沙門であるから、尊敬に値するのであり、阿羅漢という称号を得ることになるのである。

釈尊もまた道を成就したものである。それ故に「世間に阿羅漢は六人となった」と説かれる。

第二章　阿含経典の成立と伝承

第一節　仏弟子と僧伽の生活

Ⅰ　仏弟子たち

釈尊は五比丘たちとともに雨期の安居《あんご》（雨期のあいだは遊行せず一か所に留まること）のため鹿野苑にとどまった。出家者は遊行の生活をし定住することはないが、雨期の四か月のうち三か月（六月―八月）は遊行せずに一か所にとどまる。それを安居という。

ヤサの出家　そのときに、バーラーナシーの青年ヤサが釈尊の教説を聞いて、彼に浄らかで汚れのない法眼が生じた。ヤサを探しにきた父に向かって釈尊が教説する。かくれてそれを聞いていたヤサの心は、なにものにも依ることなく、諸の漏から解脱した。そこで、世間に阿羅漢は七人となった、といわれる。

釈尊の教説を聞いたヤサの父にも、浄らかで汚れのない法眼が生じた。ヤサの父は、仏陀釈尊に帰依した。彼は、三帰依《さんきえ》（仏法僧の三宝をよりどころとして生きること）をした最初のウパーサカ（優婆塞《うばそく》、在俗の男性の仏教徒）である。そして、ヤサの母やかつての妻もまた釈尊の教説を聞いて、浄らかで汚れのない法眼が生じ、仏陀釈尊に帰依することになった。彼女たちは、三帰依をした最初のウパーシカー（優婆夷《うばい》、在俗の女性の仏教徒）である。

その後さらに、ヤサの四人の友人がヤサを訪ねてきて、そこで釈尊の教説を聞いた。彼らにも浄らかで汚れのない法眼が生じた。彼らは、釈尊のもとで出家することを願いでて認可され、やがて解脱し、阿羅漢となった。そこで、世間に阿羅漢は十一人となった、といわれる。

さらにまた、五十人の友人たちがヤサを訪ねてきて、釈尊の教説を聞いた。彼らにもまた浄らかで汚れのない法眼が生じ、釈尊のもとで出家した。そしてやがて解脱し、阿羅漢となった。そこで、世間に阿羅漢は六十一人となった、といわれる。

次第説法

ヤサやその友人たちは出家して、比丘となり、仏弟子としての生活をはじめた。ヤサの父や母とかつての妻は、在家生活のまま、仏陀と僧伽に仕える仏教徒となる。みな釈尊の教説を聞いて法眼が生じたと伝えられている。その限りでは、出家したものも、在家のものも、釈尊の教えのもとに、仏道という同じ一つの道を歩み出したものたちである。

ヤサたちに対して、釈尊は次第説法《しだいせっぽう》（順序を追って法を説くこと）をした。それはたとえば、布施、戒、天についての説法からはじまり、欲望をほしいままにすることの危険やそれによる退廃、そのような心から離れることのすぐれた点などを説き明かした、とある。そして、やがてその心が調い、柔軟になり、覆いが除かれ、高まり、澄みきったのを知って、「諸仏の最勝法説《さいしょうほうせつ》」である四聖諦の教説を説いた、と伝えられている。

この次第説法とは、日常の生活世界にあることからはじめて、次第に、仏教の基本的な問題領域である老病死の苦しみについての教説へと説法を進めていくものであり、教説を聞く心を用意するためのものということができる。

遊行の開始

やがて雨期が終わりに近づき、釈尊は、比丘たちに向かって遊行《ゆぎょう》をはじめるように語った。

比丘たちよ、私は、神々のわな縄からも人間のわな縄からも、すべてのわな縄から解き放たれた。比丘たちよ、汝らもまた、神々のわな縄からも人間のわな縄からも、すべてのわな縄から解き放たれた。

比丘たちよ、多くの人びとの利益のため、多くの人びとの幸せのため、世間への慈しみのため、神々や人びとに良きことのため、利益のため、幸せのために、遊行するがよい。

二人が一つの道を行ってはならない。
（パーリ律　大品）

人間を縛る束縛だけではなく、神々を縛る束縛からも解放されたという。あらゆる束縛から解放され、大地に一人であることの自由を得たのである。だから一人歩めという。そしてその心は、人びとの幸せへと開かれている。

自己を求めること

釈尊もまた成道の地であるウルヴェーラーに向かって遊行に出た。その途上でのエピソードが伝えられている。

ある深い木立のなかで休んでいたときのことである。そこに三十人の若者たちがその妻とともに遊びに来ていた。一人だけ妻がいなかったので娼婦を同伴した。その女が財布を取って逃げた。三十人の若者たちは、その女を追いかけ探し、釈尊のところに来た。彼らは釈尊に女を見かけなかったか尋ねた。釈尊は彼らにいった。

若者たちよ、これをどう思うか。女を探し求めることと、自己を探し求めることと、汝らにとってどちらが大事なことか。

尊師よ、自己を探し求めることこそが、われらにとって大事です。
（パーリ律　大品）

若者たちは、釈尊のもとにすわって、教説を聞いた。釈尊は、次第説法をし、諸仏の最勝法説である四聖諦の教説を説いた。彼らにみな浄らかで汚れのない法眼が生じ、出家した、と。

このエピソードは、釈尊が鹿野苑で四聖諦の教説を説き無我の教説を説いた、そのすぐ後におかれて伝えられていることに意味がある。

前にもすでにふれたが、無我の教説は単に自己が存在しないということだけを説いたものではない。自己にあらざるものを自己として頼み喜ぼうとするわれわれの心に向かって、どこにも自己がないと説かれたのであると受けとめなければならない。

たとえば、「あらゆるものから解脱して、何ももたず、この世で、自己を灯明として歩むものがいる」（スッタ・ニパータ　五〇一）と説かれているし、自灯明法灯明《じとうみょうほうとうみょう》の教説（大般涅槃経）もある。真に確かな自己を明らかにすることは、真実に人間であるためになくてはならない課題である。そしてそれが仏教の課題である。

カッサパ三兄弟の出家

ウルヴェーラーに結髪《けっぱつ》の行者であるカッサパという姓の三兄弟（三迦《さんか》葉《しょう》）がいた。ウルヴェーラ・カッサパ（優樓頻螺迦葉《うるびんらかしょう》）を長兄とし、ナディー・カッサパ（那提迦葉《なだいかしょう》）、ガヤー・カッサパ（伽耶迦葉《がやかしょう》）である。それぞれ五百人、三百人、二百人の弟子をもっていた。

釈尊は教化のために彼らのところに立ち寄った。ウルヴェーラ・カッサパは、自らを阿羅漢であると思っていた。釈尊はさまざまな神変《じんぺん》（神通力）を示し、最後に彼は阿羅漢ではないことを教誡した。ウルヴェーラ・カッサパは釈尊に帰依して、釈尊のもとで出家した。兄弟も弟子たちもみな釈尊のもとで出家し帰依することになった。

そこで釈尊は、一千人の比丘たちとともにガヤーシーサ（象頭山《ぞうずせん》）にしばらく住まり、「燃える法門《ほうもん》」という教説を説いた。

比丘たちよ、一切が燃えている。比丘たちよ、一切が燃えているとはどういうことか。眼《げん》が燃えている。色《しき》が燃えている。眼識《げんしき》が燃えている。眼との接触が燃えている。眼との接触によって生ずる受も、楽であれ、苦であれ、不苦不楽であれ、燃えている。何によって燃えているのか。貪欲《とんよく》の火によって、瞋恚《しんに》の火によって、愚癡《ぐち》の火によって燃えている。生・老・死・憂い・悲しみ・苦しみ・悩み・不安によって燃えている、と私は説く。

（パーリ律　大品）

眼耳鼻舌身意の六根、色声香味触法の六境、眼識《げんしき》耳識《にしき》鼻識《びしき》舌識《ぜつしき》身識《しんしき》意識《いしき》の六識が、すべて貪瞋《とんじん》癡《ち》の火で燃えあがり、苦しみの火に焼かれている、と説いたものである。ここにあげた十八の項目もまた、苦しみをもたらす因として智慧のもとに現観されたものであるから、諸法である。この諸法一つひとつを、眼界《げんかい》、色界《しきかい》、眼識界《げんしきかい》などともいい、あわせて十八界《じゅうはちかい》という。そしてこの十八界によって、生活経験全体がつくされるから「一切が燃えている」と説かれる。

縁起の観察では、苦の根本原因は渇愛であった。その渇愛の心が、ここでは貪瞋癡という心でとらえられている。この三つは、三毒《さんどく》、三不善根《さんふぜんごん》とも呼ばれ、後の教義学では、三大煩悩《さんだいぼんのう》ともいわれる。

ビンビサーラ王の帰依

カッサパ三兄弟をはじめとする千人の比丘たちとともに、釈尊はマガダ国の王舎城に入った。そこでマガダ国のビンビサーラ王（頻婆娑羅王）に法を説いた。王は釈尊に帰依し優婆塞《うばそく》となった。王舎城の多くの人びともまた優婆塞となった。

ビンビサーラ王は、釈尊や比丘たちが遊行して王舎城に立ち寄ったときに静かに休むことができる場所として、竹林園（ヴェールヴァナ園）を僧伽に寄進した。竹林精舎《ちくりんしょうじゃ》と呼ばれている。以後、コーサラ国の長者スダッタ（須達多《すだった》、給孤独《ぎっこどく》と呼ばれた）が寄進した祇園精舎《ぎおんしょうじゃ》（ジェータヴァナ）や、ベーサーリーの高級娼婦アンバパーリが寄進したマンゴー園など、多くの園林が僧伽に寄進されることになる。

ちょうどそのころ、王舎城に、沙門の一人サンジャヤ（六師外道の一人サンジャヤ・ベーラッティプッタ）が、多くの弟子たちとともにいた。その中に、サーリプッタ（舎利弗）とモッガッラーナ（目連）もいた。

サーリプッタとモッガッラーナの帰依

サーリプッタとモッガッラーナは、「最初に不死を得たものは告げるように」と互いに約束して出家し、サンジャヤのもとで道を歩んでいた。

サーリプッタが王舎城で乞食をしているとき、五比丘の一人アッサジが乞食しているのを見た。そのアッサジの姿を見てサーリプッタは尋ねた。

友よ、あなたの感覚は澄みきりおだやかで（諸根悦予《しょこんえつよ》）、膚の色は清らかでとてもきれいだ（姿色清浄《ししきしょうじょう》）。友よ、あなたは誰のもとで出家したのか。あなたの師は誰なのか。あなたは誰の法を喜んでいるのか。

（パーリ律　大品）

サーリプッタは、アッサジの姿の上に道の達成をみて尋ねたのである。アッサジは、自分の師が釈尊であることをいって、その教えの要点のみを詩頌で語った。

諸法は因から生ずるものであり、それらの因を如来は説く。
大沙門は、それらの消滅をも同様に説く。
（パーリ律　大品）

サーリプッタには、これだけで十分であった。これを聞いて、浄らかで汚れのない法眼が生じた。いそぎモッガッラーナのもとに帰った。モッガッラーナは、サーリプッタを見てこのようにいう。

友よ、あなたの感覚は澄みきりおだやかで、膚の色は清らかでとてもきれいだ。友よ、あなたは不死を得たのですか。

サーリプッタは応える。

友よ、そうです。私は不死を得たのです。
（パーリ律　大品）

サーリプッタからアッサジのことを聞き、モッガッラーナにも浄らかで汚れのない法眼が生じた。そこで二人は、サンジャヤの弟子たち二五〇人をともない、釈尊のもとで出家し、仏弟子となった。この二人はやがて仏弟子たちの双璧となり、僧伽を率いていくことになる。後には、智慧第一の舎利弗、神通第一の目連と呼ばれている。

Ⅱ　仏弟子の信仰

仏法僧の三宝を人生のよりどころとして生きる人を、三宝に帰依したものという。それはこのように表現される。

三帰依

buddhaṃ saraṇaṃ gacchāmi.　私は仏をよりどころとして生きていきます。
dhammaṃ saraṇaṃ gacchāmi.　私は法をよりどころとして生きていきます。
saṅghaṃ saraṇaṃ gacchāmi.　私は僧をよりどころとして生きていきます。

私たちはさまざまなものをよりどころとして生活している。それは財産であったり、家族であったり、仕事であったりと、種々である。それらは、私たちに喜びや幸せをもたらすものと信じ頼みにしているものである。しかし、私たちが信じよりどころとしているものは、死の前にみな崩れ去っていくものである。それが諸行無常と説かれてきた。

初期経典の『ダンマパダ』（法句経《ほっくきょう》　一八八—一九二）は、このように説く。

人びとは、恐怖にかられて、山や森、園林、樹木、霊廟といった多くのものをよりどころとしている。これは安穏《あんのん》なよりどころではなく、最上のよりどころではない。これをよりどころにしても、あらゆる苦しみから解脱しない。

仏と法と僧をよりどころにするものは、四つの聖なる真実を、正しい慧によって見る。苦と、苦の生起と、苦を超えることと、苦の寂滅に導く聖なる八つの道とである。これは安穏なよりどころであり、最上のよりどころである。これをよりどころにして、あらゆる苦しみから解脱する。

三宝に帰依するとは、私たちがその三宝を人生をあげて信じよりどころとするということである。したがってまた、諸行無常の人生のただなかに、確かな帰依するところが見つかったということは、大いなる喜びである。経典のなかで繰り返されるつぎの定型句はそのことをよく伝えている。

尊師よ、すばらしいことです。尊師よ、すばらしいことです。尊師よ、あたかも倒れたものを起こすように、また覆われたものの覆いを除くように、また迷ったものに道を示すように、また眼あるものは形を見るであろうと暗闇《くらやみ》に灯火をかかげるように、このようにさまざまな仕方で、世尊によって法は明らかにされました。尊師よ、このわたしは世尊に帰依いたします。また法と比丘僧伽《びくサンガ》に帰依いたします。世尊は、わたしを、今日より命の限り、帰依したウパーサカ（優婆塞）として受け入れてくださいますように。

（パーリ律　大品）

澄浄心

三宝に帰依するということは、それを真実であると信ずることである。その信仰は、澄浄心《ちょうじょうしん》（澄みきった心）といわれる。仏への澄浄心はつぎのように表現される。

ここに聖なる弟子は、仏への不壊《ふえ》の澄浄心をそなえている。「実に彼の世尊は、阿羅漢であり、正覚者であり、明行足《みょうぎょうそく》であり、善逝《ぜんぜい》であり、世間解《せけんげ》であり、無上士《むじょうし》であり、調御《じょうご》丈夫《じょうぶ》であり、天人師《てんにんし》であり、仏であり、世尊である」と。

ここで「不壊の」とあるのは、消えることのない不動の心であることを表している。この仏への澄浄心の中核は「世尊は正覚者（仏陀）である」と信ずるということにほかならない。だからまたその要点のみで表される信仰の表現がある。

世尊は正覚者であると信ずる。

世尊によって法はよく説かれたと信ずる。

世尊の弟子僧伽はよく実践すると信ずる。

仏弟子の信仰は、この三項目によって表現される。そして、まず仏陀に出会ってはじめて、その信仰が成り立つのであるから、三項目の中で「世尊は正覚者であると信ずる」ことがその中心にある。

（注）ここに「阿羅漢・正覚者・明行足・善逝・世間解・無上士・調御丈夫・天人師・仏・世尊」とならぶ語は、経のなかでしばしば繰り返され、仏の十号、あるいは如来の十号ともいわれ、仏陀をその功徳の名で呼んだものである。「如来」（**tathāgata**）の語は、原義からすれば「真実を理解したもの」（如去 **tathā-gata**）であるが、「真実からやってきたもの」（如来 **tathā-āgata**）と古くから解されてきたようである。きわめて古い仏陀の呼び名である。

預流

このような仏法僧への澄浄心と、三昧《さんまい》をよくおこすことのできる戒をそなえたものは、預流《よる》となると説かれる。仏法の流れに預《あず》かったもの、流れに入ったものという意味である。そして預流となったものは、もはや三悪趣《さんまくしゅ》（地獄・餓鬼・畜生）に堕することのないものとなり、涅槃にいたることが決定して、必ず菩提に究竟《くきょう》すると説かれる。生死流転の苦しみを超えていく道に立つことができたということを表すものである。

したがって預流はまた、最初の道果《どうか》を達成したものともいわれる。真実を見る心が生じたものだからである。

では、仏陀であると信ずる心はどのようにして成り立つのであろうか。このようなエピソードが語られている（パーリ律　大品）。釈尊は、はじめて法を説くためブッダガヤーからバーラーナシーに向かう途上、ウパカという邪命外道《じゃみょうげどう》に出会う。ウパカは、釈尊の威容に心動かされ、そのもとで出家した師やその教えについて尋ねる。それに対して釈尊は、自分に師はなく仏陀であると答える。「あり得るかもしれない」といって、ウパカは頭を振りながら立ち去ってしまう。

邪命外道ウパカ

このエピソードは、仏陀その人から「仏陀である」と教えられても、仏陀であると信ずる心が起こらなかったことを物語る。

ヴァッカリの信仰

あるいはまた、信仰の人と呼ばれた長老ヴァッカリの場合は、釈尊の崇高な姿を見て、常に見ていたいと思い釈尊のもとで出家する。しかし後にときを得て釈尊はヴァッカリに「この腐っていく身体を見たからといって何になろうか。法を見るものが私（仏）を見るのです」と教誡する（相応部経典　二二・八七）。

このエピソードは、釈尊を仏陀として仰ぐ信仰の生活を送っているヴァッカリのことが語られている。しかし仏陀釈尊の教誡は、何を見て仏陀であると信ずるのかが問題であることを示している。

ここに説かれる「法を見るものは仏を見る」という句は、大乗経典や論書においても引用され、よく知られたものである。釈尊を仏陀であると仰ぐのは、釈尊において法を見ることによってである。ではその法とは何であるのか。釈尊は、苦の因である諸法を現観することによって仏陀となった。その同じ法を見るということを意味する。それはまた、釈尊を苦を超えた人として仰ぎ見ることにほかならない。それが仏陀であると見ることの基本的な意味である。

足跡の喩え

釈尊に対する信仰をめぐって、その弟子である比丘ピローティカと、ブラーフマナのジャーヌッソーニとの対話が伝えられている（中部経典　二七）。そのなかでジャーヌッソーニは、ピローティカに「では、あなたはどのような根拠を見て、沙門ゴータマにこのような澄みきった心（信仰）をいだくことになったのですか」と尋ねる。

ピローティカは、象を捕獲する喩えを引いていう。森のなかで大きな象の足跡を見つけて、ここに大象がいると確信するように、沙門ゴータマに如来の足跡を見たから、「世尊は正覚者である」と確信したのだと。その足跡というのは、ある論争好きのものたちが沙門ゴータマに論争を挑もうと準備し彼のところに行ったが、沙門ゴータマは法話によって彼らを喜ばせ、彼らは一言も質問を発せぬままに沙門ゴータマに帰依し出家してしまうということが四度もあった。それを見てこのように信ずるにいたったのだという。

ジャーヌッソーニは、後に釈尊を訪ね、ピローティカとの対話について話す。釈尊は、ピローティカが用いた象の足跡の喩えはそれだけでは不十分であると語る。なぜなら象には身体が小さいのに足だけ大きいものがいる。だから巧みな象の捕獲者ならば、大きな足跡を見つけたからといって、それだけで、おお大象だ、と決めてかからない。それと同様であるといって、釈尊は、仏陀の教説を聞き信仰をもって出家した人が、どのように歩むのかを詳しく説き出す。戒をたもち、やがて定《じょう》を達成する。この定は、たしかに如来の通った足跡であるが、聖なる弟子はそれだけで「世尊は正覚者である」と確信しない。さらに智が生じ仏道を成就し阿羅漢となる。これが如来の足跡である。ここにいたってはじめて聖なる弟子は「世尊は正覚者である」と確信するのである、と。

ここには、仏陀の智と同一の心が生じてはじめて、十分な根拠をもって正しく仏陀を仏陀として仰ぎ信ずることができると説かれている。

堅固で奪われることのない信仰

崇高な姿も、圧倒的な教化力も、信仰の根拠となり得るものである。しかしそれは、自己の外に信仰の根拠を見ることになる。外的な根拠が崩れるならば、信仰も失われることになる。

それに対して、法を見る心、あるいは苦を解脱する智は、自らに生じた心である限り、内的な根拠である。ただしその心は、釈尊の場合と同じく、いまだかつて経験したことのない心であるといわなければならない。

このような経典の言葉がある。

> 如来に対する信仰は、根拠をもったものであり、見ることを根本とし、堅固であり、なにものによっても奪われることがない。（中部経典　四七）

仏陀であると信ずる信仰には根拠がある。それは、法を見ることを根本の根拠とする。そのような信仰は、堅固で、なにものにも奪われることのないものとなる、と説いているのである。

Ⅲ　仏弟子の生活

三帰依をして五戒をたもって生活するものが仏弟子である。五戒とは、先にも述べたように、もとは沙門たちの戒であり、不殺生《ふせっしょう》・不偸盗《ふちゅうとう》・不婬《ふいん》（在家者は不邪婬《ふじゃいん》）・不妄《ふもう》語《ご》・不飲酒《ふおんじゅ》の五つである。仏弟子たちは、出家在家を問わず、三帰五戒《さんきごかい》の生活をした。

戒律

出家者たちによる僧伽では、仏陀の「来たれ、比丘」（善来比丘《ぜんらいびく》）という言葉によって、僧伽に入ることが認可されたが、問題が生ずるごとに規律（律）が制定されていった。随犯随制《ずいぼんずいせい》という。それらの規律をまもることが認可の条件となる。

戒《かい》（sīla / śīla）は自発的な行為規範であるが、律《りつ》（vinaya）は罰則をともなった規律である。したがってこの二つの意味は異なったものであるが、規律の条項一つひとつが戒と呼ばれている。律は、罰則をともなっているという点で他律的ではあるが、それを自らの内面的な規範として生活することから、戒と呼ばれるのであろう。そしてこの規律条項である戒をまとめたものを波羅《はら》提木叉《だいもくしゃ》（prātimokṣa 別解脱《べつげだつ》）という。

律の条項は最終的に二五〇以上にもなるが、そのなかで最も重い罰則が科せられるものを波羅《はら》夷《い》（pārājika）といい、比丘あるいは比丘尼の資格を奪われ僧伽から追放される。婬盗殺妄《いんとうせつもう》の四つの波羅夷がある。それ以外は、原則として、僧伽に対して懺悔《さんげ》することで罪が許される。

（注）四波羅夷は、性的関係をもつこと（婬）、盗むこと（偸盗）、人を殺すこと（殺生）、嘘をつくこと（妄語）の四つの大罪である。そしてここでの妄語は、阿羅漢ではないのに阿羅漢になったと嘘をつくことであり、大妄語という。

聖声聞（聖弟子）

釈尊のもとで出家し仏弟子となったものは、比丘《びく》（bhikṣu / bhikkhu）と呼ばれた。やがて女性も出家して、比丘尼《びくに》（bhikṣuṇī / bhikkhunī）と呼ばれた。それぞれ比丘僧伽と比丘尼僧伽において仏道の歩みに励んだ。

これらの仏弟子たちは、聖声聞《しょうしょうもん》(ārya-śrāvaka / ariya-sāvaka)とも呼ばれる。声聞《しょうもん》(śrāvaka / sāvaka)とは、仏陀の教えを聞いて歩むものという意味であり、しばしば「多聞の聖声聞」ともいわれる。聖(ārya / ariya)とは、道果を達成したもの(真実を見る心が生じたもの)に対して用いられ、聖者《しょうじゃ》、聖人《しょうにん》ともいう。したがって、聖声聞とは、道果を達成した仏弟子を意味する。

これに対して、仏陀の教えにいまだ出会っていないものは、「無聞の凡夫」と呼ばれている。凡夫《ぼんぶ》(pṛthagjana / puthujjana)とは、おそらく、群衆の一人を意味する言葉であったであろう。後には「聖なる法や聖なる人びとと異なり離れた多数のなかの人」と解され、「異生《いしょう》」と漢訳されている。

仏陀の教えがなければ、凡夫とか声聞ということは成り立たない。教えを聞いてはじめて、凡夫であることを知る。だから道を歩むものにのみ自覚されることであるといえよう。

声聞とは仏弟子のことであり、多くの場合、出家者を指して用いられていると見てよい。しかしときには、在家の聖声聞ともいわれることがある。道果の達成は、出家在家を問わないからである。だからまた、仏陀釈尊に帰依した在家の仏教徒たち(優婆塞・優婆夷)もまた、仏弟子という意味をもっているといえる。

出家した仏弟子たちの集まりを僧伽というのであるが、その最も大事な性格は「和《わ》合《ごう》」にある。コーサラ国のパセーナディ王（波斯匿王）が、その最晩年に釈尊のもとを訪れ、このように語っている。

王たちも争い、クシャトリヤたちも争い、ブラーフマナたちも争い、家主たちも争い、父も母も息子も争い、兄弟も姉妹も争い、友人たちも争っている。

しかしここでは、比丘たちを見るに、和合し、喜び迎え、争わず、乳と水のようであって、互いに愛情をこめた眼で見つめあって住んでいる。尊師よ、私はこれ以外に他にこのように和合している人びとの集まりを見たことがない。

（中部経典　八九）

パセーナディ王は、このすぐ後に自ら任命した将軍によって国から追放され、命を終えている。争いのなかに身をおく王にとって、比丘たちの和合して生きるすがたのなかに、自らの深い願いを見たにちがいない。

和合僧

和合とは、心を同じくすること、心を一つにすることであると解されている。僧伽とは、仏陀釈尊を仰ぎ、その心と一つになって歩もうとするものたちの集まりだからである。だから和合僧《わごうそう》（和合した僧伽の意）とも呼ばれてきた。

パセーナディ王を追放した将軍は、ヴィドゥーダバ（毘瑠璃）をコーサラ国の王位に即けた。ヴィドゥーダバ王は、出生の秘密を知って、釈迦族を滅ぼしてしまった。

（注）コーサラ国のパセーナディ王（波斯匿王）は、仏陀が生まれた栄えある釈迦族から后を迎えようとした。しかし釈迦族は、大臣マハーナーマンと下女の間に生まれた娘を、貴族の生まれと偽って、王の后に差しだした。王位についたヴィドゥーダバ王は、自分の母の素性を後で知ることになる。

破和合僧

この事件より数年前のことと思われるが、マガダ国の王舎城では、デーヴァダッタ（提婆達多）にそそのかされたアジャータサットゥ（阿闍世）が、父ビンビサーラ王を殺して王位に即いている（釈尊の入滅の八年前と伝えられる）。

デーヴァダッタは、釈尊の従弟であり、アーナンダ（阿難《あなん》）などの釈迦族の青年たちとともに出家して、仏弟子となっていた。しかしデーヴァダッタは、名声と利得と尊敬（名聞《みょうもん》・利養《りよう》・恭敬《くぎょう》）を求める心に圧倒され占有されて、釈尊に代わって自分が僧伽を導こうと思った。

釈尊に申し出るが断られ、新たな戒律のもとに別の僧伽を作ろうと、五百人の比丘たちを集めた。しかしサーリプッタやモッガッラーナの説得によってこの企ては失敗した。

このようにしてデーヴァダッタは僧伽を分裂させようとした。これを破僧《はそう》あるいは破和合僧《はわごうそう》という。

四姓平等
―仏教の社会差別批判―

仏教に帰依した者たちは、社会階級のいかんを問わず、さまざまな人びとからなっていた。そして仏陀釈尊もまた、ブラーフマナを頂点とするヴァルナ体制を批判し、いかなるものもみなまったく平等に、真実に生きる道を歩むことができると説いた。

ブラーフマナたちは、「ブラーフマナだけが最上のヴァルナであり浄らかであり、他は下劣なヴァルナである」と主張した。釈尊の批判もそこに向けられ、このように説いている。「クシャトリヤであれ、ブラーフマナであれ、ヴァイシャであれ、シュードラであれ、あるものは殺生をはじめとする不善業をなし、また反対に、あるものは殺生を離れるなどの善業をなす。このように黒い性質のものと白い性質のものとの二つが混ざっているというのに、ブラーフマナだけが最上のヴァルナであり浄らかであるとは、知者たちに認められるものではない」と。

これと同様な教説が何度も繰り返されている。どのヴァルナであっても、殺生することもあり、殺生を離れることもある。しかしまたみな出家して沙門となることができる。だから「これらの四ヴァルナはまったく平等である（sama-sama）」（中部経典　八四）、すなわち四姓平等であると説くのである。

生まれや家系が人を浄らかにするのではなく、人は業によって浄らかにも不浄にもなる。このように「ただ業による」というところに、仏教の平等思想と社会差別批判の視点がある。

第二節　大般涅槃と結集

Ⅰ　自灯明法灯明

釈尊は、アーナンダを伴にして、王舎城から最後の遊行に出た。それからクシナガラで入滅するまでの数か月間のことが、『大般涅槃経《だいはつねはんぎょう》』(*Mahāparinibbānasuttanta*)に伝えられている。ベーサーリーの近くのベールヴァ村で雨期となり安居のため住まられた。そこで釈尊に激しい苦痛が生じ、強い痛みがおそった。しかし釈尊はほどなく回復された。

安堵したアーナンダは「僧伽になにも語られずに般涅槃《はつねはん》されることはないだろうと思っていました」といって回復を喜んだ。釈尊はそのアーナンダに向かって語る。僧伽はさらに何を私に期待するのか、内外の区別なく法を説いてなにも隠しもっているものはない、私はいまや年老いて旅路の果てにいる、歳も八十となって身体もやっと動いているのだ、と。

それ故に、アーナンダよ、ここで汝らは、自らを灯明とし、自らをよりどころとし、他をよりどころとせず、法を灯明とし、法をよりどころとし、他をよりどころにせず住するがよい。

（長部経典　十六　大般涅槃経）

闇のなかに道を照らす灯りをたよりに進むように、自己と法（教説）をよりどころとして歩みなさい、と釈尊は語る。いまなお疑いのなかにあり、さらにもっと聞きたいと思っている仏弟子たちにとって、まことにきびしい言葉である。これが自灯明《じとうみょう》法灯明《ほうとうみょう》（自らを灯明とし法を灯明とする）の教説といわれるものである。

（注）ここに「灯明」（dīpa）といわれている言葉を、「島」（dīpa=dvīpa）と解し、自己を島とし法を島とする、と読む伝統もある。流転の大海中にうかぶ島もまたよりどころを意味するから、趣意は同じである。

Ⅱ　大般涅槃

如来の最後の言葉

町や村の人びとは、競うようにして、遊行する釈尊に供養しようと食事に招いた。パーヴァー村では鍛冶工のチュンダ（純陀《じゅんだ》）が食事に招いた。そこで硬いものや軟らかい上等の食べ物と多くのスーカラマッダヴァ（きのこの一種ともいわれる）

という料理を用意した。
その食事をいただいた後、釈尊に激しい苦痛が生じ、血のまじった下痢とともに、強烈な痛みがおそった。釈尊は、それに耐えながら、クシナガラの沙羅《さら》林にたどりついた。二つの沙羅の木（沙羅双樹《さらそうじゅ》）の間に身を横たえ、つぎのような最後の言葉を残して、釈尊はその生涯を終えていった。

そこで世尊は比丘たちに告げた。
「さあ、比丘たちよ、いま、汝らに言っておこう。形あるものは滅びゆくものである。不《ふ》放逸《ほういつ》に努めよ。」
これが如来の最後の言葉であった。

（長部経典　十六　大般涅槃経）

釈尊は、諸行無常を知って出家し、人生の最後にも諸行無常であると説く。苦しみを超えた仏陀は、死にゆくものであるという苦しみの真実から眼をそらさず、ほしいままに楽しむことなく不放逸に道を達成せよ、と最後にいって般涅槃した。八十年の生涯であった。

般涅槃

般涅槃《はつねはん》（parinirvāṇa / parinibbāna）という語は、道を求めたものが、その目的である仏道を成就して人生を終えていったことを表すために用いられる。そして特に仏陀の般涅槃であるから大般涅槃（mahā-parinirvāṇa / mahā-parinibbāna）という。

仏弟子ヴァンギーサは、師であったニグローダ・カッパが命終したとき、自分の師カッパが般涅槃したのかどうかを釈尊に尋ねている。釈尊は、カッパは渇愛を断ちきったと答えている。あるいは長老ゴーディカが自ら命を絶ったとき、釈尊は比丘たちに向かって、ゴーディカは渇愛を根こそぎに引き抜いて般涅槃したという。渇愛の消滅が仏道の成就だからである。

どのように死んでいこうと、仏弟子が般涅槃したというのは、その生涯が仏道を成就したという意味をもっていることを示す。だからこの語は、その人の死を指して用いられるが、死とともにあるその生涯の意味を表すのである。

これが般涅槃という語の基本的な用い方であるが、ときには涅槃の語で般涅槃を表すこともあり（苦の消滅を意味する涅槃の語を、仏道を成就して生涯を終えたことを表すために用いることがあり）、逆に涅槃のことを般涅槃というときもある（涅槃すなわち苦の消滅という意味で、般涅槃の語を用いることもある）。

また、般涅槃という音写語（般泥洹《はつないおん》と音写することもある）のままで用いられるとともに、滅度《めつど》とも漢訳される。だから滅度に入ったということを入滅という。入涅槃も同じ事態を表すが、この場合の涅槃は般涅槃の意味で用いられている。

仏弟子たちの悲しみ

師と仰ぐ仏陀釈尊の般涅槃を目の当たりにした仏弟子たちの心を、『大般涅槃経』はこのように伝えている。

世尊が般涅槃されたとき、そこにいた貪愛を完全に離れていない若干の比丘たちは、両腕をあげて泣き、砕かれ落ちるように崩れて、前に後ろにころがりまわった。「世尊はあまりにも早く般涅槃された。善逝《ぜんぜい》はあまりにも早く般涅槃された。世間の眼であるお方はあまりにも早くお隠れになった」と言って。

また貪愛を完全に離れた比丘たちは、念《おも》いをたもちまさしく知りつつ、耐えた。「諸行は無常である。だからどうしてここにそのままありえよう」と言って。

（長部経典　十六　大般涅槃経）

仏弟子たちの、その生活の中心を失った悲しみに耐えられずに泣き崩れるものたちや、その悲しみにじっと耐えるものたちのすがたが伝わってくる。ことにいまだ道の途上にあるものたちは、もしも疑いが起こったならいったい誰に尋ねたらいいのかという不安とともに、悲しみ嘆いたであろう。

年老いて出家したスバッダ

マハーカッサパ（摩訶迦葉《まかかしょう》）は、多くの比丘たちとともに、クシナガラに向かっていた。その途上、仏陀釈尊が一週間前に般涅槃したことを知った。そこにいた比丘たちは嘆き悲しんだ。ところがその同じ会衆《えしゅ》のなかに、年老いて出家したスバッダと呼ばれる比丘がいた。彼は、そのときこのように言った。

やめなさい、友らよ。悲しむな。嘆くな。われらは、あの大沙門からすっかり解放されたのだ。これはふさわしい、これはふさわしくないと言って、われらは悩まされてきた。いまやわれらは、欲することをなし、欲しないことをしなければいいのだ。

（長部経典　十六　大般涅槃経）

この年老いて出家したスバッダもまた、仏陀の教えのもとに歩んできた仏弟子の一人であった。しかし彼の仏陀に対する信仰とはどういうものであったのだろうか。その信仰においては、教えは外からの強制束縛となっていた。だから仏陀の般涅槃によって、彼はすっかり解放されたと感じたのであろう。自らの内面に信仰の根拠がなければ、信仰は外からの束縛となることを語るものである。

Ⅲ　遺骨供養

マハーカッサパがクシナガラに着いてから、仏陀釈尊の遺体は、クシナガラに住むマッラ族の人びとによって荼毘《だび》（火葬の意）にふされた。そして遺骨（śarīra / sarīra 舎利《しやり》）のみが残った。ところがそこに、遺骨の一部をもらい受け、それを供養するための塔（stūpa / thūpa 舎利塔ともいう）を建てようと、マガダ国のアジャータサットゥ王（阿闍世王）から使者が派遣された。ベーサーリーのリッチャヴィ族も、カピラ城の釈迦族もというように、八つの部族が遺骨をもらい受けたいと使者を派遣した。多くの伝承では、軍隊を派遣したという。遺骨をめぐる争いである。そのとき「仏陀の遺骨を分配するために争うのはよくない、八つに分配しよう」と提案したドーナというブラーフマナによって、遺骨は八つに平等に分配された。そしてそれぞれに、遺骨を供養するための塔が建てられた。これを舎利八分あるいは八王分骨という。

（注）ドーナは、遺骨をいれていた壺をもらってそれを供養するための塔を建てた。また遺骨の分配が終わったあとにやってきた部族は、残った灰をもちかえって塔を建てたと伝えられている。また、釈尊の遺体は布で五百重にもまかれて荼毘にふされたが、中は焼け、上と下の布が残ったとも伝えられる。

Ⅳ　法と律の結集

仏陀釈尊の入滅の直後、マハーカッサパ（摩訶迦葉）の招集によって、王舎城に五百人の仏弟子たちが集まった。そしてそこで、仏陀釈尊によって教説された法（dharma / dhamma）と仏陀釈尊によって制定された律（vinaya）が、そこに集まった仏弟子たち全員によって確認され伝承されることになった。それを結集《けつじゅう》（saṃgīti）という。アーナンダ（阿難）が教説を誦出《じゅじゅつ》し、ウパーリ（優波離《うばり》）が律を誦出した。そこに集まった仏弟子たちが、いっしょに声をあげて唱えて確認したので、合誦《ごうじゅ》（saṃgīti の本来の意味）ともいう。

結集に集まったものたちはみな、仏陀釈尊から直接に教説を聞いたものたちである。教説が誦出されるごとに、これは自分のために説いてくださったものだと、それぞれにあらためて受けとめたことであろう。一つひとつの教説が誦出されるとき、まず「如是我聞《にょぜがもん》」（私はこのように聞いています）があり、どこで誰に対して（対告衆《たいごうしゅ》）説かれたものかという確認がなされてから、はじめられる。如是我聞の「我」は、まずはアーナンダであるが、教説を聞きとって、ここでともに誦出している仏弟子たちすべてのことでもある。

阿含経の成立

仏陀釈尊の教説は、記憶によって伝えられていたのであるが、その口頭伝承のためのいくつかの形式があったようである。それは、教説を要約して伝える形式である経《きょう》（sūtra / sutta 修多羅《しゅたら》、契経《かいきょう》ともいう）や、詩頌の形にして伝える偈《げ》（gāthā）などをはじめとして、九分教《くぶんきょう》（九種の形式からなる教説の意味）とか十二分教《じゅうにぶんきょう》といわれる形で伝えられた。そのなかで、経が教説を伝える代表的な形式とみなされるようになった。したがって、経とは教説を伝える一つの形でありながら、仏陀の一つひとつの教説をも表すものとして用いられることになる。

ここで仏弟子たちによって結集された教説は、阿含《あごん》（āgama 伝承の意）あるいは阿含経と呼ばれて後代にまで伝えられることとなった。

（注）スリランカや東南アジアに伝わった上座部仏教では、結集された教説の総称はニカーヤ（nikāya 集成の意）という。また経典というのは、漢訳された典籍に対して用いられたものである。ここでは阿含経あるいは阿含経典のいずれも区別なく用いることにする。

第三節　僧伽の分裂と部派仏教

I　僧伽の分裂と第二結集

釈尊の入滅からおよそ百年が経って、ベーサーリーで事件が起こった。ベーサーリーを中心に遊行している比丘たちが、布施として金銭を受け取っていた。そこに訪れたヤサという比丘が律に違反すると指摘したが、かえって難責された。このことをめぐってベーサーリーに七百人の長老たちが集まり、ベーサーリーの比丘たちは十項目にわたって律に違反しているという裁定をくだした。十事非法という。それは、食事のために塩をとっておくなどの食事の規則に関するものが多いが、最も重大なのは金銭を蓄えてもよいとするものであった。

しかし、ベーサーリーの比丘たちはこの裁定にしたがわなかった。その結果、裁定を下した長老たちと、それにしたがわなかったものたちとで、僧伽は二つに分裂したのである。律をめぐっての分裂であったから、仏陀によって説かれた教説と仏陀によって制定された律についての結集が、再びそれぞれにおこなわれることになった。これを第二結集という。

長老たちによる僧伽は上座部《じょうざぶ》（sthaviravāda / theravāda）と呼ばれ、ベーサーリーの比丘たちを中心にした僧伽は大衆部《だいしゅぶ》（mahāsaṅghika）と呼ばれた。そしてそれぞれに教説と律を伝承するという事態になった。

Ⅱ　部派分裂と法と律の伝承

その後の経緯の詳細はほとんどわからないが、上座部と大衆部それぞれからさらに分裂が繰返され、およそ二十の部派（nikāya）に分裂することになった。そのなかで後代にまで勢力をもった部派は、上座部、大衆部のほかに、説一切有部《せついっさいうぶ》、正量部《しょうりょうぶ》、法蔵部《ほうぞうぶ》などがある。そして、インドで仏教が滅びるまで、これらの部派にわかれたまま仏教が伝承され存続していくのである。

これらの部派は、基本的に、それぞれの阿含経と律とを伝承していたと考えられる。スリランカには上座部の経と律が伝わり、インド古代語の一つであるパーリ語によって伝えられている。その他のインド語による経や律のほとんどは失われて、一部分が伝えられるのみである。しかし中国で漢訳された阿含経やいくつかの律が伝えられている。チベット語にも翻訳されたが、阿含経に相当するものは少なく、律は説一切有部のものがある。

パーリ語による阿含経はつぎのように編集整理されて伝えられている。

長部《ちょうぶ》（Dīgha-nikāya）（比較的に長い経典）　三十四経
中部《ちゅうぶ》（Majjhima-nikāya）（中程度の長さの経典）　一五二経
相応部《そうおうぶ》（Saṃyutta-nikāya）（主題ごとに集められた短い経典）　二八七五経
増支部《ぞうしぶ》（Aṅguttara-nikāya）（一から十までの数で集められた短い経典）　二一九八経
小部《しょうぶ》（Khuddhaka-nikāya）（『ダンマパダ』や『スッタ・ニパータ』などを含む）　十五経

漢訳による阿含経も、パーリ語によるものとほぼ同様に編集整理されたものであるが、たまたま前の四つの部に対応するものが、それぞれ別に訳された。そしてそれを伝えた部派も異なっている。

長阿含《じょうあごん》　三十経（四一三年　仏陀耶舎《ぶっだやしゃ》・竺仏念《じくぶつねん》訳　法蔵部所伝）
中阿含《ちゅうあごん》　二二二経（三九八年　僧伽提婆《そうぎゃだいば》訳　説一切有部所伝）
雑阿含《ぞうあごん》　一三六二経（三八四年　求那跋陀羅《ぐなばつだら》訳　説一切有部所伝）
増一阿含《ぞういつあごん》　四七三経（三八四年　僧伽提婆訳　所属部派不明）

パーリ語のものと漢訳との間で、伝えられる経典の数に相違があるが、それぞれ内容が対応する経典もまた比較的に多い。いずれにしても長年月にわたる伝承の跡がうかがえる。

律についてはつぎのものが今日まで伝えられている。

パーリ律	スリランカ上座部	（比丘二二七戒、比丘尼三一一戒）
四分律《しぶんりつ》	法蔵部	（比丘二五〇戒、比丘尼三四八戒）
五分律《ごぶんりつ》	化地部《けじぶ》	（比丘二五一戒、比丘尼三八〇戒）
十誦律《じゅうじゅりつ》	説一切有部	（比丘二五七戒、比丘尼三五五戒）
摩訶僧祇律《まかそうぎりつ》	大衆部	（比丘二一八戒、比丘尼二九〇戒）
根本説一切有部律	説一切有部	（比丘二四九戒、比丘尼三五七戒）

第四節　アビダルマの成立

I　教説の整理

釈尊の教説の要点をおさえたもの（uddāna）として、しばしば四つの句が並べて説かれることがある。

四法印

諸行無常（形をなしたものはみな無常である）
一切行苦《いっさいぎょうく》（形をなしたものはみな苦である）
諸法無我（すべての法は自己ではない）
涅槃寂静《ねはんじゃくじょう》（涅槃は寂静である）

このなかのはじめの三つのみを説くこともあるし、一切行苦（一切皆苦ということもある）を除いた三つを説くこともある。これらは後に、仏教の旗印であるという意味で、法印《ほういん》と呼ばれた。したがって、三法印とか、四法印といわれる。

仏教を要約してつぎのように説くこともある。それは七仏通誡偈《しちぶつつうかいげ》といわれ、古くから伝えられてきたものである。(ダンマパダ　一八三など)

三善根

諸悪莫作《しょあくまくさ》　諸《もろもろ》の悪は作《な》すことなかれ
衆善奉行《しゅぜんぶぎょう》　衆《もろもろ》の善は奉行せよ
自浄其意《じじょうごい》　自らその意を浄くせよ
是諸仏教《ぜしょぶつきょう》　是が諸仏の教えである

ここで諸仏というのは、過去に出現した七仏(釈尊を第七番目とする)のことである。釈尊の入滅後二百年ころには、このような考えが生まれていた。通誡とは、どの仏陀も等しく説いているという意味である。そしてそれは、悪をなさず善をなせ、そのために自らの心を浄くせよ、というものである。

仏教における善とは、涅槃に向かって開かれた心をいう。したがって、苦がありそれを超える道があると信ずることが、善の根本にある。悪をなさず善をなすことは、信ずることで浄らかになった心によってなしうるということである。

浄らかになった心とは、貪りや怒りを離れた心である。だからまた無貪《むとん》・無瞋《むしん》・無癡《むち》の心を三《さん》善根《ぜんこん》という。そして反対に、貪欲《とんよく》・瞋恚《しんに》・愚癡《ぐち》（貪瞋癡《とんじんち》ともいう）は三不善根あるいは三毒といわれる。

善根とは、善の根本という意味であり、他の諸善を生ずる心である。そして善根がすべて断たれてしまったもののことを断善根《だんぜんごん》という。苦しみも、真実もないという邪見《じゃけん》（因果撥無《いんがはつむ》の邪見という。癡でもある）によって引き起こされる。

十善業

仏教では、心で思うことが業の本質であると考える。したがって身業と語業と意業の三つの業が説かれる。そこで善業はつぎの十が数えられている。

不殺生、不偸盗、不邪婬（身業）
不両舌《りょうぜつ》、不妄語、不悪口《あっく》、不綺語《きご》（語業）
不貪欲、不瞋恚、不邪見（意業）

有為無為

阿含経に説かれた五蘊・十二処・十八界は、いずれも生活経験全体を表す諸法であった。そしてそれぞれが一切法を示している。この一切法は、有為《うい》（saṃskṛta）と無為《むい》（asaṃskṛta）との二つに区分される。有為法《ういほう》とは、生じたもの、すなわち因果によって形成されたものであり、過去現在未来の時のなかにあるものである。無為法《むいほう》とは、因果によって形成されたものではなく、時を超えたものであり、涅槃を表す。

有漏無漏

阿含経において、苦しみをもたらす心がさまざまに表現されている。縁起の観察のなかでは、渇愛や無明が中心にあった。それはまた漏《ろ》ともいわれ、また取《しゅ》、結《けつ》、縛《ばく》、随眠《ずいめん》などと説かれている。阿含経では用いられていないが、教義が整理されていくなかで、それらはすべて煩悩《ぼんのう》（kleśa　惑《わく》ともいう）という言葉で呼ばれていくことになる。

そして、諸法はまた漏すなわち煩悩との関係で区分される。煩悩と関係した法が有漏《うろ》（sāsrava）といわれ、煩悩との関係を離れた法が無漏《むろ》（anāsrava）といわれる。

これを有為法無為法との相関でいえば、無為法は無漏法であり、有為法には有漏法と無漏法とがある。有為にして無漏なる法とは、道聖諦を意味する無漏なる慧である。

世間出世間

流転する世界は世間《せけん》（loka）といわれる。その世界につなぎとめるものを世間法《せけんほう》（laukika-dharma　世間的な法）という。それに対して流転の世界を超える法は出世《しゅっせ》間法《けんほう》（lokottara-dharma）といわれる。したがってまた、世間法とは有漏法であり、出世間法とは無漏法であるということができる。

種々の業によって流転する業報《ごうほう》の世界についても、多様に物語られていくことになる。それは衆生であるわれわれの複雑で多様な心に対応するものであろう。

三界五趣　流転する世界が、三つに区分され、三界《さんがい》と呼ばれた。欲界《よっかい》（kāma-dhātu）、色界《しきかい》（rūpa-dhātu）、無色界《むしきかい》（ārūpya-dhātu）の三つである。それぞれ、欲望による世界、美しい世界、美しさを超えた世界を意味する。

五趣《ごしゅ》（あるいは五道《ごどう》）もまた、業《ごう》によって生まれていく世界であり、衆生の生の五つの類型を表す。地獄、餓鬼、畜生、人、天である。地獄から人は欲界の生の類型である。欲界に属する天も一部あるが、その他の天はすべて、色界、無色界に属する。

（注）「色界」の意味については、従来、「色」(rūpa)が物質を表すと解して、物質の世界と説明されてきた。しかし「物質」というのは、近世以降に用いられる新しい概念である。古代においては、要素説や原子説が論じられる限りで現れる概念にすぎない。古代インドでの「色」は、語の本来の意味である「かたち」を表すと考えるべきである。ところで色界とは、神々の住む天界でもある。時に人はそこに生まれ変わりたいと願望する世界である。したがってここでの「色」は、かたちのなかのかたちとして、美しい形を意味するのでなければならない。だから色界とは、美しい世界と理解するべきであろう。また「無色界」とは、その美しさへのとらわれをも超えた世

界を意味する。また、かたちがない世界であるから、そこに生まれた衆生には身体がないと説かれている。

四　生

流転する世界への生まれかたも四つに類型化され、四生《ししょう》といわれる。卵生《らんしょう》、胎生《たいしょう》、湿生《しっしょう》、化生《けしょう》の四つである。卵生とは鵞鳥などのように卵から生まれる衆生であり、胎生とは象などのように胎内から生まれる衆生であり、湿生とは蛆虫などのように湿ったところから生まれる衆生であり、化生とは天や地獄などのようにすべての根《こん》（知覚機能）と肢節をそなえて突如に生まれる衆生である。

Ⅲ　阿羅漢への道

戒定慧の三学

仏陀の教えを聞いて、出家し道を求めて歩み出したものが、その道を成就するまでの修学の道筋が整理され、それは戒学《かいがく》、定学《じょうがく》、慧学《えがく》の三学と呼ばれる。戒学は十善業を基本として戒律を持つことであり、他者と共にある生活に安定した穏やかさを成り立たせる。つぎに静かに集中して思索する四段階からなる禅《ぜん》（四禅《しぜん》、四静慮《しじょうりょ》ともいう）を達成する。これが定学である。禅《ぜん》（dhyāna 静慮）は、定《じょう》や三昧《さんまい》とほぼ同義である。そしてその集中した思索から慧が生ずる。その慧は、宿住随念智《しゅくじゅうずいねんち》（過去の生涯を知る智）、死生智《ししょうち》（あらゆる衆生の死と生を知る智）、漏尽智《ろじんち》（すべての煩悩を断ずる智）の三つからなり、三明《さんみょう》（明は智を意味する）ともいわれる。これが慧学である。慧は、真実を知るはたらき全体を表すが、そのなかに智や見が含まれる。この漏尽智を得て、一切の苦から解脱し、仏道を成就した阿羅漢となる。

見道修道　仏道の歩みのなかで、真実を知る智（無漏智、四聖諦を現観する智）を得たものは、聖者《しょうじゃ》と呼ばれ、見道《けんどう》（darśana-mārga）に入ったといわれる。そこで誤った種々の見解や疑惑が断じられる。そしてつぎに修道《しゅどう》（bhāvanā-mārga）に入り、四聖諦の現観（諦現観《たいげんかん》）を繰り返してすべての煩悩が断じられていくとされた。

四沙門果　修道に入ったということは、道を歩むことによって達成された結果であるから道果《どうか》である。それは沙門となって達成された道果であるから沙門果《しゃもんか》ともいう。四つの沙門果がある。

見道を経て修道に入ったものは、預流果《よるか》（仏法の流れに入ったこと）を達成したといわれ、預流の聖者と呼ばれる。もはや再び地獄・餓鬼・畜生の三悪趣に堕することなきものとなる。それからさらに四聖諦を繰り返し現観することによって煩悩を断じ、一来果《いちらいか》（欲界の生涯を多くとも一度だけ経験する）を得る。つぎに不還果《ふげんか》（もはや欲界の生涯を経験することはないもの）を得る。最後に阿羅漢果《あらかんか》（すべての煩悩を断じて仏道を成就する）を達成するのである。

この聖者のなかで阿羅漢果を得たものは無学《むがく》（なすべきことをなしおえたもの）と呼ばれ、それ以外の聖者は有学《うがく》（いまだ修学の道にあるもの）と呼ばれる。また預流果に向かって歩んでいるものを預流向《よるこう》といい、同じく一来向《いちらいこう》、不還向《ふげんこう》、阿羅漢向《あらかんこう》という。四つの向と四つの果をあわせて八種の聖者となるので、四双八輩《しそうはちはい》という言葉が阿含経中に用いられている。

Ⅳ　アビダルマと三蔵の成立

阿含経に伝えられる教説（法）を整理するなかで、論題がとりだされ、論議を通して教説の分析や解説がおこなわれていった。それがまとめられ編纂された。それをアビダルマ（abhidharma 法についての論議という意味）という。阿毘達磨《あびだつま》と音写されるが、論とも漢訳される。論議が深まり発展して、仏教の教義学を形成していくことになる。

このアビダルマは、第二結集では伝えられず、紀元前二五〇年ころから成立しはじめたと考えられている。しかし、阿含経のなかに散説されているものを仏弟子が編纂したのであるから、この論もまた、経や律と同様、仏陀が説かれたものであると見なされ大事に伝承されてきた。

経と律と論との三つは、仏教の大事な宝を納めた蔵であるから、それぞれ経蔵《きょうぞう》、律蔵《りつぞう》、論蔵《ろんぞう》と呼ばれ、あわせて三蔵《さんぞう》（**tri-piṭaka** 原意は三つの籠である）といわれる。また中国ではこの三蔵に精通した仏者を、三蔵法師《さんぞうほうし》と呼んで尊んだ。

今日までまとまって伝えられているものは、パーリ語によるスリランカ上座部の論蔵と、漢訳による説一切有部の論蔵である。

第二部　大乗仏教の成立と思想

第一章　大乗経典の成立

第一節　民衆の祈りと仏教

Ⅰ　アショーカ王の仏教保護

マウリア朝の成立

ギリシャのマケドニアの王アレクサンドロスが、ペルシャの王を追ってアフガニスタンからサマルカンドまで遠征し、軍をインドに向けてインダス河の上流に現れたのは、紀元前三二六年のことであった。インドの諸王による連合軍は、それを迎え撃とうと準備した。しかしアレクサンドロスは、兵士たちの厭戦気分のため、インダス河を下って引き上げてしまった。アレクサンドロスは、バビロンで紀元前三二三年に病没している。このギリシャ軍の遠征によって、ギリシャの文化が伝わり、後世にまで大きな影響をおよぼすことになる。

インド中央部においても激動があった。アレクサンドロスが引き上げたすぐ後、マガダの王になったチャンドラグプタは、インドの諸王国を征服し、紀元前三二〇年ころにインドに最初の統一帝国マウリア朝を建て、その首都をパータリプトラにおいた。

このマウリア朝は、沙門たちの宗教を大事にした。第三代目の王アショーカが即位したのは、紀元前二六八年と考えられている。帝国の版図をさらに拡張する政策をとったが、戦争の悲惨を知ったアショーカ王は、これまでの政策を改め、法による政治をおこなうことを宣言し、帝国中に布告文を出し、シリアやエジプトの王たちにも使者を派遣した。そしてアショーカ王自身は仏教徒となった。

石柱法勅と仏塔の建立

アショーカ王は、帝国の各地に崖を削りあるいは石柱を建て、そこに王の布告文を刻ませた。また仏教の聖地を巡礼してそこにも石柱を建てている。生誕地ルンビニーでは、ブッダ・サキャムニ（釈迦牟尼仏《しゃかむにぶつ》）の生誕地であること、ルンビニー村からの税を収穫の八分の一に免ずることなどが刻文されている。またその近くにあるニガーリー・サーガルの石柱には、過去七仏の中のコーナーガマナ仏（拘那含牟尼仏《くなごんむにぶつ》）の仏塔《ぶっとう》を増築したことが記されている。

また、仏陀釈尊の遺骨は八つに分けられてそれぞれの仏塔に納められていたが、アショーカ王はそれを集めて再分配し（釈迦族の仏塔の遺骨だけはそのままにした）、各地に八万四千の仏塔を建立したと伝えられている。それが実数ではないにしろ、多くの仏塔が建立されたと考えていいであろう。しかしいったいどうしてそんなに多くの仏塔が必要であったのだろうか。政治的にも経済的にも多大な精力がそこに費やされたはずである。

ともあれ、アショーカ王による仏教の保護によって、仏教が帝国全体に伝播し、南のスリランカや、またやがては中央アジアへと伝わっていき、多民族が受容することのできる普遍的な思想性を獲得していく契機となったということができる。

Ⅱ 仏塔供養

仏塔を建立する目的は、そこに仏陀釈尊の遺骨を納め供養することにある。遺骨供養ということができる。それは仏陀釈尊の入滅からはじまったことである。その遺骨をめぐる争いとは、武力によってでも奪い取って供養しようとした動きであった。このこととアショーカ王による八万四千の仏塔建立とには共通した要因を見てとることができる。

遺骨にしか意味がないというのではないであろう。遺骨分配後に、遺体を焼いて残った灰を持ち帰ったもの、遺骨を納めた壺をもらったもの、あるいはかなり後世であるが焼け残った衣だといい伝えられるもの、あるいは大きな仏歯、あるいは釈尊が用いられたという巨大な石鉢など、聖なる遺物は次第に増えていったようである。これらはみな、その真偽が重要なのではなく、仏陀釈尊を供養するための象徴となっているということに重要な意味がある。そして、王だけではなく地方の人びともまた仏塔を必要としていたが故に、これほど多くの仏塔を建立することができたのだといえよう。

福徳を積む

供養《くよう》（pūjā）とは、敬い尊ぶことである。その尊敬の心を表すために、尊いものに向かって花をささげ香を焚《た》き、または供物をささげるのである。伝統的なヴェーダの宗教では、火の神に供物をささげることが日々の供養であった。仏教においても、乞食する比丘に食べ物を布施し、あるいは食事に招き、衣などの資具や精舎を寄進することなどが、供養である。

仏教の以前から、このような供養によって福徳《ふくとく》（puṇya / puñña 功徳《くどく》とも漢訳される。しかし仏陀がそなえている智慧や慈悲などの徳性（guṇa）も功徳と漢訳される。ここではそれと区別するために福徳の語を用いる）が得られると、考えられてきたのである。福徳とは、人生の幸せをもたらす糧となるようなある種の価値である。その福徳である価値を積みあげ幸せになることが、人びとの願い求めていることであった。

出家しようとする青年に、「この家にはこんなに財がある。財物を享受して、福徳を積むがいい」といって、両親が出家を思いとどまらせようとするエピソードがいくつか伝えられている。福徳を積むことは、当時の人びとの生活のなかで当然のこととしてあったといえよう。

福田

供養によって福徳が得られるのであるが、その供養の対象になるものは福田《ふくでん》（puṇya-kṣetra / puñña-kkhetta）と呼ばれた。福徳が生ずる田畑という意味である。ヴェーダの伝統からは神々がそうであり、仏陀をはじめ比丘たちが福田である。阿含経には「世尊の声聞僧伽は、供養されるべきであり、恭敬されるべきであり、献供されるべきであり、合掌礼拝されるべきであり、世間の無上の福田である」としばしば繰り返されている。世間の人びとからすれば、ヴェーダであれ仏教であれ、区別なく、無上の福田と呼ばれるようなすぐれた福田に供養したであろう。

そして釈尊も比丘たちも、人びとの供養を受けいれるとともに、また例えば次第乞食《しだいこつじき》（貧富を区別せず順に乞食すること）といわれる場合のように、供養によって福徳を積む機会が平等であるように配慮もした。

出家の道と福徳

福徳を積み幸せな人生を送りたいというのは、人びとの切なる祈りである。しかし釈尊が歩み出したのは、福徳を積んで幸せになる道ではない。そのことを明らかに物語る釈尊の古いエピソードがある。それは、激しい苦行で痩せおとろえた沙門ゴータマを、悪魔が誘惑する物語である。悪魔はこのように言う。

あなたは痩せおとろえて顔色が悪い。あなたはいまにも死にそうだ。死が千ならあなたの命は一にすぎない。生きよ、生きていたほうがいい。命があってこそ福徳を積むことができるのだ。梵行《ぼんぎょう》を修して火の神に供物をささげるものに、多くの福徳が積みあげられるのだ。勤めて何になろうか。勤める道は、進むにかたく、作しがたく、達成しがたいものだ。

（スッタ・ニパータ　四二六―四二九）

悪魔は、命があってこそ幸福になれるのだから、火の神を供養して福徳を積むほうがよいとすすめる。これに対して、沙門ゴータマは答える。

放逸《ほういつ》の親族、悪魔よ、そのためにここにやってきたのか。私には福徳などいささかも意味がない。福徳に意味があると思うものたちに悪魔は語るがいい。私には、信仰（saddhā）があり、勇気（viriya　精進）があり、智慧（paññā）がある。このように専心してつとめている私にどうして命のことを尋ねるのか。私の勇気からたち上がる風は、河の流れをも干上《ひあ》がらせるであろう。専心してつとめる私の身体の血がどうして干上がらないだろうか。

（スッタ・ニパータ　四三〇—四三三）

このエピソードでは、伝統的なヴェーダの宗教が教える幸福になる道が、悪魔の言葉で示されている。それは、火の神を供養して福徳を積むことである。だからそのために供物をささげよ、と悪魔は語る。しかしそれに対し、沙門ゴータマの断固として厳しい態度が語られる。福徳を積みあげて何になろうか、というのである。それによって老病死の苦を超えることはできない。苦を超えることを求め勤めているのであり、それで命をおとしても悔いはないという。福徳を積む道ではなく、真実を求める道を選んだ沙門ゴータマの姿が鮮やかに語られている。阿含経が伝える釈尊の典型像の一つである。

Ⅲ　仏塔に寄せられる民衆の祈り

福徳の回向

やがて人びとの間に、自らが得た福徳を他者に与えるという考え方が生まれてきた。それを福徳の回向《えこう》とか回施《えせ》という。紀元前一世紀ころから現れてきたと考えられている。他者といってもほとんど親族に対してであり、もっとも典型的なのは、亡くなった父母に向けてのものである。

施餓鬼供養《せがきくよう》と呼ばれるものがそうである。死後に餓鬼道で苦しむ父母に、自らが供養によって得た福徳を振り向ける。それで父母の幸せが得られたという物語が数多く語られ伝えられている。しかもその場合、亡き父母の供養のために布施や寄進をするというように、布施や寄進は福田に向けられているが、もはや供養の語は、福徳を回向することと同じ意味で用いられてもいる。

これは、一般の人びとのなかに生まれた考えであるが、後には菩提回向（全ての福徳を菩提にさし向けること）として、仏教の思想のなかにも取り入れられていくことになる。

幸福への祈り

アショーカ王のときに建立された仏塔がどのようなものであったかはわからないが、時代を経るにしたがってそれは増築され、まわりに塔門《とうもん》や欄楯《らんじゅん》がそなえられた。そしてそれらの塔門の石柱や梁《はり》として横に通した石版にはさまざまな浮彫図が描かれ、欄楯には種々の紋様の装飾が施され、壮麗なものとなっていった。紀元前一五〇年頃のバールフットの仏塔の塔門などが今日残っている古いものである。

紀元前一世紀中ごろからは、それらの寄進者の名前やその目的が記され出す。その寄進銘文にはこのようなことが記されている。「一切諸仏の供養のために」「父母への供養のために」「すべての兄弟、血縁、一族への供養のために」「太守（父）と（自らの）妻子の寿命と力の増大のために」「父母への供養のためと無病の賦与《ふよ》を願って」「多数の人びとの安定のために（ギリシャ系知事の寄進）」などである。

これらは、仏陀釈尊の遺骨を納めた仏塔に寄せられた民衆の幸福への祈りである。古代から今日にいたるまで人びとの願いは変わらないというべきであろうか。この民衆の深い祈りを、仏教はどのように受けとめていったのであろうか。

第二節　ジャータカ物語と菩薩

I　釈尊の生涯の物語

仏塔とは、釈尊の遺骨が納められたところである。したがってそこに訪れる人びとは、いだく心はそれぞれであっても、仏陀釈尊を供養するために仏塔に訪れるのである。そして仏塔の塔門などにはさまざまな浮彫図が描かれ、そこには仏陀釈尊の生涯の物語が語られていた。供養のために訪れる人びとへの、仏教側からの応答であったということもできる。そして、法師と呼ばれる人たちによって、浮彫図の解説がおこなわれたようである。

おそらく紀元前二世紀ころから、さまざまなエピソードをまじえながら、釈尊の生涯の物語が整理されていったのであろう。パーリ律の大品《だいほん》には、釈尊の成道から舎利弗・目連の帰依にいたるまでが、まとまりのある物語として伝えられている。このようなものが中核となって、誕生から入滅にいたるまでの生涯全体の物語がまとめられていったと考えられている。

阿含経典は、釈尊のいくつかのエピソードと教説を伝えている。したがってそれによって、基本的には、縁起の法を教説する仏陀釈尊のすがたが示されているといえよう。それに対して、釈尊の生涯の物語は、釈尊とはどういう人として生まれたのか、何のために出家したのか、どのように道を成就したのかといったことなどが、主要なテーマとして物語られることになる。釈尊入滅後二百年以上のときを経て、仏弟子たちによって再び仏陀釈尊の新たな受けとめがおこなわれ出したのである。

釈尊の生涯の物語を今日では仏伝と呼んでいる。多くのものが伝えられているが、その中で最も古いものの一つは、紀元後二世紀ころのアシュヴァゴーシャ（馬鳴《めみょう》）による仏伝詩『ブッダ・チャリタ』（仏所行讃《ぶつしょぎょうさん》）である。文学作品としても名高い。

Ⅱ　ジャータカ物語

釈尊の誕生から入滅にいたる物語を現在の生涯における物語というならば、それ以前の過去の生涯についての物語が数多く作られた。それはジャータカ物語と呼ばれるものであり、前生物語《ぜんしょうものがたり》あるいは本生話《ほんじょうわ》（「本」は、もと・むかしを意味する）ともいわれる。

バールフットの仏塔には、ジャータカ物語を題材にしたいくつもの浮彫図が描かれている。したがって前二世紀ころにはすでに多くの物語が語られていたことをうかがわせる。スリランカの上座部の伝承によれば五百話物語ともいわれる。それほどにつぎつぎと物語が作られていったと思われる。

過去の生涯での釈尊は、ときには王であったり、王子であったり、猿であったり、鹿であったりと、さまざまな姿をもって登場する。もと教訓的な寓話であったものが、釈尊の物語に組みかえられたものもある。

ジャータカ物語の典型例

そのなかで、浮彫図などにも描かれて有名なものを挙げよう。かつて兎の身に生まれ、自分の身体を焼いて仙人に施与したという物語がある。これは兎前生物語といわれるものである。帝釈天が兎の求道心をためすために現れるのであるが、その心が揺るぎないものであることがわかり、それを忘れないために山を絞ってその汁で月に兎の絵を画いたという話が加わるものもある。そして、あのときの兎は私であったと釈尊が終わりに語る。

あるいは、一羽の鳩の命をたすけるために、その鳩の肉の代わりに、自分の身体の肉を鷹に与えたという。これはシビ王（尸毘王《しびおう》）の物語である。これもまた帝釈天がシビ王の求道心をためすというものである。

これと同じ主題のものに投身飼虎《とうしんしこ》物語といわれるものがある。法隆寺の玉虫厨子《たまむしのずし》の一方の面にも描かれて、よく知られたものである。

三人の王子が森で飢えた虎に遭遇する。お産をしたばかりで、虎の子がまわりで遊んでいる。しかし体調が悪いのか狩りをできず飢え、いまにも虎の子を食べそうである。一番下の王子はそのときにこのように考えた。

我は久遠《くおん》の生死《しょうじ》のなかにおいて、身を捐《す》つること無数にして、唐《いたず》らに軀命《くみょう》を捨てたり。あるいは貪欲のために、あるいは瞋恚のために、あるいは愚癡のためにす。いまだかつて法のためにせず。今、福田に遭《あ》えり。この身何《いず》くにか在り。（賢愚経）

そこで王子は、虎の前にわが身を投げ、飢えた虎の親子を救うというものである。これらはいずれも、わが身そのものを布施するというきわめて印象深い物語である。それ故にまたよく語られ伝えられたものと思われる。そのことは、多くの仏塔の浮彫図や石窟の壁画に描かれ、いくつもの異伝があることからもうかがわれる。

何のための物語か

では、どうしてこのような物語が語られだしたのであろうか。しかも釈尊の過去の生涯を物語るのはどうしてであろうか。これまでは、これらの物語のなかの教訓的な寓話的要素をもった例に注目して、民衆に仏教をわかりやすく伝えようとするものであると解されてきた。あるいは、過去の生涯の英雄的な行為を物語ることによって、釈尊の偉大さを語るものであるとも解されてきた。しかし、阿含経に伝えられる仏教の教説のどの点をわかりやすく伝えようとしたと考えるべきであろうか。あるいはまたこれらは本当に英雄的な物語とみるべきなのだろうか。

確かにきわめて多くの物語からなるジャータカ物語には、さまざまな要素が入ってしかも自然発生的に語り出されているのであるから、多様な受けとめがあってもいいであろう。しかしジャータカ物語全体としては、すべて釈尊の過去の生涯の物語として、釈尊の過去の生涯における求道が物語られているという点は疑いようがない。そこに登場するかつての釈尊は、みな求道者として、布施や持戒《じかい》の堅い心をもって行為する。したがってここには釈尊の求道心が、過去の生涯の物語という形をとって、語られていると解すべきであろう。ジャータカ物語とは釈尊の求道物語なのである。

しかしまた釈尊の求道は、現在の生涯においては、四門出遊による出家において語られてきたのである。老病死によっても奪われることのない生命の意味を求める釈尊が、苦しみの因を明らかに見ること（縁起の観察）によって仏陀になったのである。このような意味での釈尊という人間像すなわち釈尊観は、阿含の教説によって裏打ちされている。それではこのジャータカ物語によって語り出されている釈尊の求道とは何であるのか。

供養物語として語られる釈尊の求道

ジャータカ物語における釈尊の求道の意味を明らかに示す言葉がある。それは先に引いた投身飼虎物語における王子の言葉である。王子は一匹の飢えた虎を前にして「今、福田《ふくでん》に遭《あ》えり」という。福田とは、そこに向かって供養することによって多くの福徳がもたらされる尊敬に値する対象であった。王子は、虎を福田と見てわが身を施し供養したのである。

兎前生物語のように供養の対象が伝統的な福田（仏、僧伽、沙門、神々など）である場合を除いて、ここでの場合のように施与の対象がごく身近にいる動物たちであるとき、それを福田と語り供養の行為であると明言する物語は他にはなく、しかもこの伝承（賢愚経《けんぐきょう》）にのみある例である。しかしこの一例によって示される物語の意味は、その他のジャータカ物語の読み方を一変させるといってよい。シビ王の物語もまた一羽の鳩あるいは一羽の鷹への供養物語と見ることができる。とすれば、猿王の物語も鹿王の物語も多くのものはみな供養物語と解することができるのである。そして後の教義学では、ジャータカ物語を、福徳と智慧の資糧《しりょう》を集める物語に大きく二つに分類して解釈していることからも、古代から供養物語として語られてきたのだということができる。

そして過去の生涯すなわち前生の釈尊は、何を供養しているのかといえば、沙門のように伝統的な福田の場合もあるが、むしろ虎、鳩、鷹であり、猿や鹿などが福田とされているといったほうがいいであろう。つまり、衆生を供養する前生の釈尊が物語られているのである。仏陀になる道を求める前生の釈尊が、苦しむ衆生を供養せんがためにわが身をあげて布施する物語となっているのである。

Ⅲ　菩薩—新たな求道者像の創出—

ジャータカ物語で語られる前生の釈尊は、いつしか菩薩《ぼさつ》（bodhisattva）と呼ばれるようになっていったと考えられている。今日にまで伝えられている阿含経やジャータカ物語の中で、成道前のあるいは前生の釈尊を指して菩薩と呼ぶことはごく普通のこととなっている。しかし、たとえばバールフットの浮彫図の銘文では、釈尊を指す場合に菩薩という語は用いられず、世尊などとなっている。紀元前二世紀から紀元前一世紀の間ではいまだ菩薩という語は用いられていなかった。考古学資料のなかで用いられている最古の例は、紀元後一世紀のものである。したがって菩薩という語が成立したのは、紀元前一世紀から紀元後一世紀の間ということになると考えられている。

菩薩という表現の成立

菩薩という語は、**bodhi-sattva** を音写した菩提薩埵《ぼだいさった》を縮めたものである。菩提《ぼだい》（bodhi）は覚め《めざ》を意味し、薩埵《さった》（sattva / satta）は衆生を意味する。したがって菩薩とは「菩提を求める衆生」という意味である。求道する前生の釈尊を、菩提を求める衆生、すなわち菩薩と呼んだのである。

菩薩の供養物語

菩薩にとっての菩提とは、苦しみを超えた仏陀の覚めである。前生の釈尊は、菩提を求め仏道を歩む一人の求道者である。しかも、同じ一人の衆生として、苦しむ衆生を供養しつつ菩提を求める衆生、すなわち菩薩なのである。

布施を主題にする典型的な物語では、菩薩自身が、苦しみのなかにある衆生とまったく同じ生命を生きるものであることが、その衆生としての身体を挙げて表現されている。繰り返してわが身を衆生の前に投げ出し布施する物語は、等同な身体をもって等同な生命を生きるものであることを表していると受けとめることができる。衆生を供養するとは、苦しむ衆生と共にあろうとすることである。そしてその衆生と共にあって仏道を求めるものが、ここに菩薩と呼ばれている。

釈尊観の変容

仏弟子たちによる僧伽は、数百年のときをかけて、仏陀釈尊の教説を伝える阿含経を伝承し、またその教説を整理し、そこに含まれている意味を探求してきた。やがてそれは大きな教義体系をそなえた仏教の教義学を生みだすことになっていく。

それと並行して同じく数百年のときをかけて、ジャータカ物語が語られ、釈尊の求道心が尋ねられ、菩薩による仏道を生みだしていった。しかもそれは阿含経が伝える限りの釈尊という人間像を超えでたものでもある。ここに、新たな求道者像、求道する人間像が創出されているのである。したがってこれは、新たな釈尊観が現れたのだととらえなければならない。

では、新たな釈尊観における最も大きな要因と考えられるものは何であろうか。それは菩薩の仏道における衆生の位置である。衆生という語は阿含経以来用いられてきたものであるが、必ずしも「衆生と共に歩む」ということが表だって強調されていたわけではない。しかし阿含経が伝える苦しみを超える仏道とは、みな共に同じ苦しみのなかにあり、それを超えていく道である。そして、多くの人びとや神々の利益のために、自ら明らかになったその道を説く、と表現されていた。だから、阿含経では他者の利益を説かず自己の利益のみを問題にしたなどということはありえないことである。

仏道を歩むものの危機

では、衆生という要因を積極的に加えることによって、新たな釈尊観を生みだすことになったのは、いったいどういう理由からであったのか。このように長いときを経て生みだされた大きな歴史的な変動をとらえかえすには、なお十分な考察が必要とされるが、ここではつぎのようにとらえてみよう。

仏陀の教説に不十分はないのであるから、阿含経に伝えられる教説が不十分であったのではない。そうではなくてむしろ、仏陀釈尊の入滅から長いときを経た仏道の歩みのなかで、教説を聞いて歩むもの自身が、その教説を聞く心について危機感をいだいたのではなかったのか。仏陀釈尊から遠くときを隔てたものが、その教説に接して、仏陀釈尊の心と一つになって求め歩むことが、いかにしたらできるであろうか。その歩みのなかで、いつのまにか個人的な思いのなかで仏道を歩んでしまうということもあろう。したがって、釈尊はどのような心で道を求めたのだろうかという問いは、きわめて切実なものであったにちがいない。ここに釈尊の求道心を問わざるをえない理由の一端がある。

個人から衆生へ

仏道の歩みのなかで見いだされた危機感は、仏道を歩むものにとっての新たな課題となる。その課題は、自己関心からする個人的な仏道に転落することなく、どんな人にも平等に開かれている道としての仏道を求めることである。その課題のもとに、仏道を求める要因が、個人にあるのではなく、衆生にあることを表す物語が、つぎつぎと生みだされた。そして、衆生の仏道ともいうべき菩薩の求道物語が語り出されたのであるということができるであろう。そしてそれはまた、その前生の釈尊である菩薩の心と一つになって歩もうとした、仏弟子たち自身の仏道でもあったといわなければならない。

Ⅳ　燃灯仏授記物語

求道開始の物語

菩薩の求道の物語として、多くのジャータカ物語が語り出されたその後に、一つの問いが残った。前生の釈尊はいったいいつから菩薩となったのか、いつからどのようにして求道をはじめたのかという問いである。そこで前生における釈尊の求道開始の物語が語り出されることになった。数々のジャータカ物語を生みだすその最初のジャータカ物語であるから、ジャータカのジャータカと呼ぶべきであろう。それは、燃灯仏授記物語《ねんとうぶつじゅきものがたり》といわれるものである。

青年メーガ（Megha 弥却《みきゃく》、あるいはSumedhaともいう）が、道の途上で燃灯仏《ねんとうぶつ》（Dīpaṃkara-buddha 錠光仏《じょうこうぶつ》、定光仏《じょうこうぶつ》ともいう）に出会った。青年は、仏陀を供養し、「あなたのような仏陀になりたい」と誓願する。仏陀は青年に「未来に釈迦牟尼仏となる」と授記《じゅき》する。青年は、それを聞いて喜び、それからその誓願を達成するため、菩薩としての歩みをはじめた、という物語である。

出会いと誓願

この物語はこれ以降の仏教の展開に決定的な影響をおよぼすことになった。特に重要なのは、この物語のなかではじめて誓願《せいがん》（praṇidhāna）が積極的な意味で語られたことである。これまでの仏教において、願いは欲望を意味し、渇愛の心と区別がなかった。したがって、そのような心を離れることを意味する「無願《むがん》」ということが仏道の課題でもあった。しかしここでは、前生の釈尊が菩薩としての歩みをはじめたのは、仏陀に出会い誓願したことによる、と物語られたのである。したがって誓願は、菩薩にとっての求道心であり、その誓願によって菩薩となったということができる。

そしてその誓願は、燃灯仏という仏陀との出会いによって起こったのである。仏陀になろうとする求道の開始点に、仏陀との出会いがあったと語るのである。これは、物語世界のなかでは、十分に了解できるし説得的でもある。しかし、物語を語っている現在の仏弟子たちにとって、いったい何を示唆するのであろうか。過去の生涯における仏陀との出会いを語る心は、真実に生きた人がいたと信ずる心にちがいない。その点では、過去七仏を語る伝統もまた同様である。ここではさらに、真実に生きた人との出会いを成り立たせている信仰が、誓願として表現されたのである。

誓願の展開

この物語でもう一つ注目すべきことがある。この物語は広く語られ、いく種類もの物語が伝えられている。そのなかでより古い形のものは「あなたのような仏陀になりたい」という誓願であるが、それに「衆生を救う」という内容が加わって、「あなたのような仏陀になって、衆生を救わん」という誓願になっている。願作仏《がんさぶつ》（願わくば仏と作《な》らん）のみであった誓願が、願作仏と度衆生《どしゅじょう》（衆生を度《ど》さん）の誓願になっている。すなわち、同じ物語の伝承のなかで「真実に生きるものとなり、衆生を救わん」という誓願に展開しているのである。

衆生を救うとは、衆生もまた真実に生きるものとなることである。そして、菩提を求めることそのことに衆生という要因が含まれていることが、ジャータカ物語においてすでに確かめられていたのであり、それが誓願の形をとったのである。

授記

ここで、燃灯仏によって将来に仏陀になると確言されたことが、授記《じゅき》（記を授ける）といわれている。授記という言葉は、阿含経においてもしばしば用いられている。仏陀によって、仏弟子たちが仏道をどこまで達成したかが確言されるか、あるいはときには、デーヴァダッタに対してのように、地獄に堕すると確言されることもある。ほとんどが他者の心についての確言（記心《きしん》）である。

ここでは、誓願が成就することが仏陀によって保証されたという意味をもち、仏道を歩むものの信仰を決定的に支えるという内容をもっている。

菩薩行

仏陀に出会い、誓願し、授記され、誓願成就のための菩薩としての歩みがはじまる。それが菩薩行である。そして、数々のジャータカ物語において語られた行為が、前生の釈尊の菩薩行であったとみなされることになる。

やがてジャータカ物語が、その内容にしたがって六つの主題のもとに整理された。つまり六つの菩薩行としてまとめられたのである。そしてそれらは波羅蜜多行《はらみったぎょう》と呼ばれることになった。波羅蜜多《はらみった》（**pāramitā** 波羅蜜ともいう）とは、最高のものという意味である。その菩薩行によって仏陀になることができたのであるから、最高の実践なのである。涅槃である彼岸《ひがん》（苦しみのこちらの岸を超えた向こう岸）に到達した実践であるから、到彼岸行《とうひがんぎょう》ともいわれる。

六波羅蜜《ろくはらみつ》は、布施《ふせ》波羅蜜、持戒《じかい》波羅蜜、忍辱《にんにく》波羅蜜、精進《しょうじん》波羅蜜、禅定《ぜんじょう》波羅蜜、般若《はんにゃ》波羅蜜である。それぞれ、最高の布施、最高の持戒、最高の忍辱（耐え忍ぶこと）、最高の精進、最高の禅定（三昧）、最高の般若（智慧）を意味する。

そして後になると、布施、持戒、忍辱波羅蜜によって福徳の資糧が集積され、禅定、般若波羅蜜によって智慧の資糧が集積され、精進波羅蜜によって両方の資糧が集積されると考えられた。

現在の生涯の物語との接続

釈尊の現在の生涯の物語で、多くの仏伝は、兜率天《とそつてん》からの降誕《ごうたん》を語り、誕生してすぐにこの生涯において仏陀となることを宣言する物語がおかれている。これは、前生の釈尊が、多くの生涯をかけて菩薩行を実践し、その最後の生涯として、この現在の生涯に誕生したという意味をもつからである。すなわち釈尊の誕生は、最後の生涯における菩薩の誕生として語られるのである。

四門出遊の物語においては、浄居天《じょうごてん》の神が老人病人死人となって釈尊の出家を促し、出家のときは浄居天から神々がやって来てひずめの音が出ぬように釈尊の愛馬カンタカを担いで出城する。あるいは、前生の物語で帝釈天が菩薩の求道心を試みるのは、神々が仏陀の出現を待ち望んでいることを語るものであるが、現在の生涯で梵天が説法を勧請するのも、そのような神々の心を語るものである。これらはみな、現在の物語が過去の物語と一続きのものであること、すなわち菩薩の物語であることを示しているのである。

第三節　大乗経典の出現

Ⅰ　新たに聞きとられた仏陀の教説

大乗経典がどのように成立したのかという問題は、仏教思想史のなかで最も重大な課題である。しかし、大乗経典の起源と成立については、異説が多く、確定説はないという現状である。部派仏教のなかの一部派から展開したとか、仏塔を拠点にする在家のものたちによって生みだされたとか、教義学に傾斜した僧院内的仏教への批判として生まれたなどといったことが考えられている。

これらは、大乗経典成立にとっての外的状況の一端を説明するかも知れないが、それらが現れねばならない必然性を十分に示すものではない。ではこのような現状で、大乗経典をどのように受けとめることができるのだろうか。ここでは、全体にはるかおよばないまでも、最も基本的ないくつかのことを確かめることにしよう。

結集伝承の外部に現れた経典

仏陀釈尊の教説は、入滅直後の結集（教説と律の確認編纂）によって、阿含経典として伝承されてきた。その後、僧伽は二つに分裂し、それぞれに第二回目の結集が行われた。さらにその後も分裂をつづけ、二十もの部派に分裂していった。それらの部派（nikāya）は、原則として、それぞれの阿含経典と律とを伝承している。したがって、二十にもおよぶ異なった伝承が存在したことになる。しかしいずれの部派も、結集によって成立した阿含経典と律とを伝承しているのである。

紀元後一世紀ころ、このような結集の伝承によらない経典が出現した。阿含経典と同じ形式をもって「如是我聞」からはじまる仏陀釈尊の教説である。結集の伝承によらない教説であれば、たちどころにそれは仏説ではないという批判が出たにちがいない。しかしその後もずっとそのような経典が生まれつづけていったということは、それを仏陀釈尊の教説として受け容れていった多くの人びともまたいたということを意味する。

新たな如是我聞

阿含経典の冒頭には「如是我聞《にょぜがもん》」（このように私は聞きました）とある。これは、仏陀釈尊に出会い得たものたちによって仏陀自身から聞きとられた教説であることを示すものである。したがって、如是我聞のあるところには仏陀との出会いがあり、その出会いを成り立たせる信仰がある。さらには、一つひとつの如是我聞、あるいは聞きとられた一つひとつの教説は、道を歩むものの課題に応えたものである。だから、如是我聞の数だけ聴聞者の課題があったということになる。そしてこのような如是我聞が、仏陀釈尊の入滅後に結集によって伝承されてきたのである。

後の仏弟子たちもまた、その教説のもとにある課題を自らのものとし、自らもまた如是我聞するものとして、仏陀釈尊に出会って教説を聞き得たということを意味する。滅後の仏弟子が仏陀釈尊に出会うというのは、教説する仏陀釈尊と同じ一つの心を生きるということにほかならない。それもまた仏陀と仰ぐ信仰によって成り立つことである。

結集の伝承の外部に如是我聞が現れたということは、結集伝承の外部において仏陀釈尊との出会いがあったということである。それは、結集の伝承の内部にある釈尊観とは異なった、新たな釈尊観のもとで釈尊に出会い、その釈尊から教説を聞いたということである。そして、仏陀釈尊にもう一度お会いして、どうしても聞きとらなければならない課題が起こってきた、ということを意味するものであろう。

Ⅱ　最初の大乗経典

結集伝承の外部に新たな如是我聞が現れた。その最初に聞きとられた教説が最初から「大乗《だいじょう》」と呼ばれたのではないが、便宜上、新たに現れた経典を大乗経典と呼ぶことにする。では最初の大乗経典とはどういうものであったのか。最初の大乗経典を問題にするのは、その教説の中心にある課題は何であったのかを明らかにするためである。そのために、いくつかの代表的な経典の内容をみていきたい。

大乗経典最古の漢訳

紀元後一世紀中ごろには菩薩という語が用いられていたということは前述した。中国において大乗経典が翻訳されたのは、紀元後二世紀後半である。そこで、おそらく紀元後一世紀ころに、最初の大乗経典が現れたと考えてよいであろう。後漢末（紀元後二世紀中ごろ）に洛陽に来た支婁迦讖《しるかせん》（Lokakṣema）が、はじめて大乗経典を翻訳している。般若経の最古の訳である『道行般若経《どうぎょうはんにゃきょう》』（一七九年訳出）や初期無量寿経の『無量清浄《むりょうしょうじょう》平等覚経《びょうどうがくきょう》』などが訳された。その後すぐにつづいて支謙《しけん》（紀元後三世紀）は、『大明度経《だいみょうどきょう》』（『道行般若経』の再訳）や『大阿弥陀経《だいあみだきょう》』（初期無量寿経）などを翻訳している。

まず最初に、般若経と無量寿経とが翻訳されているということに注目しなければならない。

『平等覚経』と『大阿弥陀経』の訳者問題については議論があるが、内容からは『大阿弥陀経』のほうが先行し、その後に『平等覚経』が現れたと考えなければならない。どちらも最初期の漢訳であることには変わりはない。

（注）法蔵菩薩の四十八願と安楽世界（極楽世界）を説く『無量寿経』は、魏の時代（三世紀）に康僧鎧によって訳されたと伝えられている。しかし最近では、おそらく五世紀前半の仏駄跋陀羅と宝雲の訳であろうと考えられている。そしてこの経典は、それ以前にも漢訳され、『大阿弥陀経』（呉　支謙訳）と『無量清浄平等覚経』（後漢　支婁迦讖訳）の二つが今日伝えられている。ここでは菩薩の誓願は二十四となっている。また、『無量寿経』の後には、『無量寿如来会』（唐　菩提流志訳）と『大乗無量寿荘厳経』（宋　法賢訳）とが訳され伝えられている。これ以外にも訳されたが失われてしまったようである。

経典の展開の歴史からみて、これらの漢訳のなかで『無量寿経』以前の二つは「初期無量寿経」といい、『無量寿経』以降は「後期無量寿経」と呼ばれている。またこの経典は、サンスクリット語やチベット語訳でも伝えられているが、その内容は、後期無量寿経である唐代の『如来会』に近い。

ここで、かぎ括弧なしで無量寿経というときは、『無量寿経』とその他の異訳の総称として用いることにする。また同じく、般若経というときは、「般若波羅蜜多」を経題とする多くの経典の総称として用いることにする。

『道行般若経』は、自ら説く菩薩の仏道を「大乗」であるといい、「般若波羅蜜多」（最高の智慧）や「空」の教説を説くというところに特徴がある。その特徴的ないくつかの表現や思想が、他の大乗経典にも反映し、大きな影響力をもった。その意味で、般若経が、最も典型的な大乗経典であり、最初の大乗経典とみなすにふさわしい経典であるということができる。そして従来はそのように考えられてきたのである。

般若経以前の大乗経典

しかしまた次のような指摘がなされてきた。ほとんどの大乗経典は般若経の影響下にあるといえるが、般若経の影響が現れていない少数の大乗経典がある。したがってそれは、般若経以前に現れた経典と考えられ、その経典とは初期無量寿経の『大阿弥陀経』や『平等覚経』である。後期無量寿経になると般若経に特徴的な表現が用いられていると考えられている。

無量寿経は、往生仏土《おうじょうぶつど》（阿弥陀仏の浄土への往生）を主題にする教説ということができる。そこで先の指摘にしたがっていうなら、般若経による空の教説の以前に、往生仏土の教説が説かれていたと考えなければならない。しかしまた、これら般若経と無量寿経という、まったく主題を異にした経典が、同時に別々のところで現れたのであるとも考えられるのであるから、影響の存否だけでどちらが先行するかを決定することはできないことになる。

最初の大乗経典の主題

ところが『道行般若経』にも、仏土に生まれて仏陀から教説を聞くという往生仏土の教説がしばしば説かれているのである。そこでは、般若波羅蜜や空の教説を聞くということが主題であり、仏土に往生することが主題として説かれているのではない。むしろ仏土に往生することは、菩薩の仏道にとっての当然の前提となっている。このことは、『道行般若経』以前にすでに往生仏土を主題にした経典が存在したということを意味するのである。

したがって、初期無量寿経の、特に『大阿弥陀経』が、最初の大乗経典と呼ばれるにふさわしいものであると見なすことができる。そして最初の大乗経典の教説の主題は、往生仏土であったということができるのである。

Ⅲ　仏土に生まれる仏道

仏陀の出現

仏土《ぶつど》（buddha-kṣetra）という語が用いられ出したのは、大乗経典がはじめである。だから仏土は、大乗仏教の指標ということができる。福徳が生まれる供養の対象が「福田」（puṇya-kṣetra）といわれるように、「土《ど》」と訳される kṣetra（パーリ語では khetta）は、田畑を意味する語である。漢訳では、仏土のほかに、仏国、仏国土、仏刹《ぶっせつ》、仏刹土《ぶっせつど》などと訳されている。また同じ意味を表して、仏世界（buddha-lokadhātu）という語も用いられる。

世親（紀元後五世紀ころ）の『十地経論《じゅうじきょうろん》』には、「仏土というのは、そこに仏陀が出現するからである。たとえば稲田（śāli-kṣetra）のごとくである」と解説されている。稲田に行けばそこに稲が実っているように、そこで仏陀が出現するから仏土というのである、という意味である。

（注）仏土を浄土ともいう。これは仏土が清浄であることによるものであるが、中国で用いられだしたと考えられる。仏土を浄化するという意味で、浄仏土《じょうぶつど》という表現もある。これは般若経が後に用いだした表現である。後期無量寿経の仏土を荘厳《しょうごん》するという表現に対応する。

仏土に生まれる

仏陀が出現するというのは、仏陀に出会うということである。その仏陀に出会うところである仏土に行くことが、仏土に生まれる（往生仏土）と説かれた。仏陀との出会いが、仏土という仏陀によって開かれた場所においてなしとげられ、その世界はわれわれの苦しみ悩むところにはないことが、語られている。

仏陀に出会うということは、仏陀を仏陀として仰ぎ信ずるという仏教の信仰の問題であり、その信仰の根拠をもあわせて、阿含経以来、説かれてきたことである。阿含経においては、仏陀釈尊によって現観されたその同じ法を見る智が、仏陀を信ずる信仰の十分な根拠であることが説かれていた。

ジャータカ物語において、釈尊の求道心がたずねられ、その求道の開始点に燃灯仏との出会いがあったと物語られた。仏陀を求める心を生みだすものは仏陀以外にはないことを語るのであり、その仏道の歩みは仏陀との出会いからはじまるということである。新たに見いだされてきた課題に応えながら、同じ主題が反復して語られつづけている。

新たな如是我聞において「仏土に生まれる」という教説が説かれ聞きとられた。そこに生まれたものは、仏道を歩み出すことができる仏陀との出会いがあり、しかもその出会いは決して個人的なものではなく、誰にも開かれている仏陀の世界に生まれ出ることにおいてなしとげられる。わが身のみを頼む心をもってそこに生まれ出ることはありえない。したがってまた、仏土においては、もはやわが身を頼む心によって固くつかまれた身体を生きるものではない。だから、新たな身体をもって「生まれる」と語られるのでなければならない。そして、このような仏土における仏陀との出会い、すなわち仏土に生まれることを成り立たせるものは、仏陀への信仰にほかならない。

Ⅳ　諸仏供養の菩薩

数千億万の菩薩

最初の大乗経典と考えられる『大阿弥陀経』の冒頭に、釈尊の説法を聞こうと、一万二千の比丘たちと数千億万の菩薩たちがいた、と説かれる。菩薩という語は、ここではもはや、前生の釈尊の物語をはるかに超え出ている。前生の釈尊を指す菩薩は一つの典型例となって、ここではいきなり、数え切れないほどの菩薩がいると語り出されているのである。

前生の釈尊は燃灯仏に出会って菩薩となったのであるから、ここに語られる菩薩たちもまた仏陀と出会ったものたちという意味をもつのである。すでにさまざまな仏陀たちと出会って歩みはじめている数えきれないほどの菩薩たちがいたと語っているのである。そしてまた、数千億万の菩薩の存在は、数千億万の仏陀との出会いがあったことを物語っている。だからここに数え切れないほどの仏陀たち（諸仏）がいることが意味されてもいる。

菩薩の総願

大乗経典は、菩薩による仏道を説く。その菩薩とは、仏陀に出会って誓願しその成就のためにすでに歩み出しているもののことである。菩薩たちの誓願は、燃灯仏の前で誓願した前生の釈尊と同様に、願作仏《がんさぶつ》と度衆生《どしゅじょう》を基本とする。どんな菩薩にもある共通したものであるから、総願という。そしてそれぞれの菩薩に固有の誓願は、別願といわれる。

願作仏は自利を表し度衆生は利他を表すから、菩薩の仏道の歩みとは、自利と利他を同時に実現する自利利他円満の仏道を成就する歩みである。それはまた、上求菩提下化衆生《じょうぐぼだいげけしゅじょう》（上に菩提を求め、下に衆生を化する）の仏道ともいわれてきた。菩薩たちは、自らの誓願を成就するために、数え切れないほどの仏陀たちの仏土に生まれ、仏陀たちを供養し、仏陀たちの教説を聞いて、その歩みを確かなものにするのである。

第四節　初期大乗経典

I　仏土の教説—無量寿経—

無量寿経は、阿弥陀仏の誓願とその仏土を説く経典である。まず、阿難《あなん》の前に光に包まれた仏陀釈尊が現れる。不思議に思う阿難の問いに答えて、仏陀釈尊が憶念している諸仏について物語りはじめる。「はるか以前のいまから無数劫《むすうこう》もの過去世に、燃灯仏がいた」と語り出す。そして「さらにはるか前に、光遠《こうおん》という名の仏陀がいた」と、過去へ過去へと遡り、最後に世自在王仏《せじざいおうぶつ》（**Lokeśvararāja-buddha**）と法蔵《ほうぞう》（**Dharmākara**）との出会いを語る。

出会いの背景

燃灯仏は、前生の釈尊が出会った仏陀であるから、はるか以前の過去であっても最も近い仏陀である。直接には阿難と釈尊の出会いからはじまるが、その背景に釈尊と燃灯仏の出会いが置かれる。そして次々に挙げられている過去の仏陀たちは、そのさらなる背景を物語るものである。

したがって、燃灯仏よりもさらに過去へと物語は遡っていく。そして世自在王仏と法蔵との出会いが語られることになる。

法蔵菩薩の誓願

菩薩の誓願は、もとの菩薩の生涯においての願であるから、本願《ほんがん》（pūrva-praṇidhāna 本の願、前の生涯の願）あるいは宿願《しゅくがん》ともいわれる。そして、法蔵菩薩の誓願は、諸仏との出会い、すなわち諸仏の出現の根源におかれているから、根本願という意味をももっているといえよう。

初期無量寿経である『大阿弥陀経』や『平等覚経』の誓願の数は二十四であり、後期無量寿経の『無量寿経』や『無量寿如来会』は四十八である。誓願が整理され、展開している。『大阿弥陀経』では、二十四の誓願が説かれる前に、特別に光明と名号《みょうごう》についての誓願が説かれている。ここにすでに誓願の特徴があらわれているといえよう。数えきれないほど無限にあるどんな暗闇をも照らす光明をそなえた仏陀とならんと願い、そのような私の名前を聞いたものはすべて私の仏土に生まれて仏道を歩むものとなるようにと誓願している。

阿弥陀仏

法蔵菩薩の誓願が成就し、阿弥陀仏となり、その仏土は極楽《ごくらく》（Sukhāvatī 安楽《あんらく》とも安《あん》養《よう》ともいう）と呼ばれる。阿弥陀仏とは、無量の光明をもつもの（Amitābha amita は無量 ābhā は光明）と、無量の寿命をもつもの（Amitāyus amita は無量 āyus は寿命）という二つの名前をかねて表す仏名である。どのような闇を生きるものにもとどく無量の光明をもち、苦しみを生きる衆生が一人でもいるかぎりその衆生を受け容れるための無量の寿命をもった仏陀であることを表す名前である。

無量劫《むりょうこう》（劫《こう》は、無際限ともいえるほど長い時間の単位を表す）にまで遡った物語が説かれたのであるが、阿弥陀仏が仏陀となっていまこれで十劫《じっこう》が経ったところであると、突如として説かれる。たしかに無量劫にくらべれば、十劫はつい少し前というほどにわずかの時間である。法蔵菩薩の誓願は、ただ過去の物語なのではなく、現在の諸仏との出会いへと、つまり釈尊と阿難にとっての現在へと接続している。

不退の菩薩

『大阿弥陀経』の第七願では、仏土に生まれたものは不退《ふたい》（阿惟越致《あゆいおっち》 avaivartika）の菩薩となるようにと誓願され、後にも何度か説かれる。不退の菩薩になるということが、最初の大乗経典にとっての仏道を歩むものの課題であったことがうかがえる。

後期無量寿経になると、無上正覚《むじょうしょうがく》（阿耨多羅三藐三菩提《あのくたらさんみゃくさんぼだい》 anuttara-samyak-saṃbodhi）から退転しないものとなると表現される。しかし無上正覚を意味する語は、『大阿弥陀経』にはなく、後期無量寿経から用いられる表現である。

（注）『平等覚経』には、「嘆仏偈」を説いた直後に一度だけ「無上正真道最正覚を求めんと欲す」とあるが、「嘆仏

偈」が現れるのは『平等覚経』以降である。

『道行般若経《どうぎょうはんにゃきょう》』にはすでにこの無上正覚（阿耨多羅三耶三菩《あのくたらさんやさんぼ》）という語がたびたび用いられ、しかも不退の菩薩ということとあわせて、大きな課題として説かれている。この問題は、般若経のところで再説しよう。

では、『大阿弥陀経』において、不退（阿惟越致）とは何を意味するのか。仏道を歩むものにとっての不退なのであるから、最初の大乗経典が目指したその仏道から退転しないものとなることにちがいない。それはジャータカ物語から受け継いだ課題であり、衆生とともに菩提を求める仏道を意味するであろう。だから不退とは、衆生とともに歩むことからいつしか退転して個人の仏道となってはならないという課題なのである。そしてそれは、どんな闇を生きるものにもとどく光明の世界である仏土に生まれることによって実現すると説かれているのである。

Ⅱ　空の教説―般若経―

般若経にはたくさんの種類がある。そのなかで最古の漢訳である支婁迦讖《しるかせん》訳『道行般若経』は、サンスクリット語の『八千頌般若経《はっせんじゅはんにゃきょう》』に相当し、また鳩摩羅什《くまらじゅう》訳の『小品般若波羅蜜経《しょうぼんはんにゃはらみつきょう》』（小品般若ともいう）なども同一系列の経典である。偈頌の数でその経典の大きさを示すとともに、その経典の題をもかねている。やがて『二万五千頌般若経《にまんごせんじゅはんにゃきょう》』が現れ、それは鳩摩羅什訳『摩訶《まか》般若波羅蜜経』（大品般若《だいぼんはんにゃ》ともいう）などに相当する。その他多数あるが、最も大きいものは『十万頌般若経』であり、玄奘によって『大般若波羅蜜多経』として訳されている。最も小さな『般若心経』は、それらの抄本とみなされる。そしてこれらの経典のなかで、般若経の主題自身が深められ展開している。

大乗

最初に「大乗《だいじょう》」（mahā-yāna）という語を用いたのは般若経であり、『道行般若経』にすでに確認される。そこでは次のように説かれている。虚空には無量無数の衆生を容《い》れる余地があるように、大乗もそれと同じく、無量無数の衆生を容れる余地がある、と。だから菩薩が歩む仏道は、衆生を限定することなく、無量無数の衆生を受け容れるという意味で、大いなる乗りもの、すなわち大乗と呼ばれるのである。それと反対に、衆生を制限してしまうような仏道は、菩薩の仏道ではなく、小乗《しょうじょう》（hīna-yāna　劣乗ともいう）と呼ばれる。

ここには、最初の大乗経典と同じ一つの課題が受けとめられている。それは、衆生とともに菩提を求める菩薩の仏道である。そしてそのように歩む菩薩を、大乗の菩薩と名づけている。

無上正覚

無上正覚（anuttara-samyak-sambodhi 阿耨多羅三藐三菩提）という語は、『大阿弥陀経』にはなく、『道行般若経』（阿耨多羅三耶三菩、あるいは阿耨多羅三耶三仏）に用いられているから、般若経からはじまるものであろう。菩薩が無上正覚を得ようとしても、もしも般若波羅蜜（最高の智慧）を学ばなければ、途中で沈没し、声聞の道（阿羅漢道）あるいは独覚《どっかく》の道（辟支仏道《びゃくしぶつどう》）に堕してしまう、と繰り返し説かれている。

ここで無上正覚とは、大乗の菩薩が求める最高の菩提、すなわち衆生とともに求める菩提を意味する。そしてそれが、声聞や独覚の菩提とは異なるものであることが説かれている。菩薩は、無上正覚を求めるものであり、声聞や独覚の道を歩んではならないというのである。無上正覚を求めるところに大乗の菩薩の仏道があり、声聞や独覚の仏道は個人的で小乗であるとする。

声聞とは阿含経以来の伝統的な仏道を歩む仏弟子を表す言葉であり、また独覚とは師もなく一人で目覚め誰にも法を説かずに般涅槃するという仏道を生きるものを表す。菩薩道をより明確に打ち出すために、伝統的な立場を表す言葉を用いて、声聞乗《しょうもんじょう》、独覚乗《どっかくじょう》と呼び、大乗である菩薩乗《ぼさつじょう》は、それらと異なった新たな仏道であることが強調され表明されている。

したがってこの場合の声聞乗や独覚乗とは、菩薩がそこに退転してはならない道を表すものであり、自己の外にある伝統的な仏道の立場を直接に示すものではなかったはずである。しかしそれでも伝統的な立場を表す言葉をあえて用いたということは、外に見いだされる仏道の状況への批判も含まれていたと考えなければならないだろう。

不退の菩薩

『大阿弥陀経』において、仏土に生まれたものが不退の菩薩となることが説かれていた。しかしそこではまた、仏土に生まれたもので、いまだ預流《よる》でないものは預流となり、あるいはいまだ阿羅漢でないものは阿羅漢となり、いまだ不退の菩薩でないものは不退の菩薩となるというように、四沙門果《ししゃもんか》を達成する声聞の仏道と並んで不退の菩薩が説かれている。あらゆる衆生が仏土に生まれて仏道を歩むものとなっていくということが、まずは説かれなければならなかったのであろう。

般若経は、同じ課題を引き継ぎながら、菩薩道そのものに集中した教説となっている。不退の菩薩とは、無上正覚から退転しないものであり、また、声聞や独覚の仏道に堕する（沈没する、停滞する）ことのないものであると表明されることになる。

そして、声聞の仏道で説かれていた正性決定《しょうしょうけつじょう》（預流果を得て涅槃を証することが決定したもの。正性とは涅槃を意味する）についてつぎのように説く。

正性決定に入ったものたちは、無上の正覚に対して心を起こすことはできません。それはなぜか。なぜなら彼らは、輪回の流れに境界を引くからです。実に彼らは、何度も何度も輪回を繰り返して、無上の正覚に対して心を起こすことができないのです。

阿含経において正性決定を得たものとは、もはや三悪趣（地獄・餓鬼・畜生）に堕す（業果を受ける）ことがなく、必ず涅槃を証することに決定したものである。それに対して般若経は、涅槃に決定したものは、もはや輪回から身をひいてしまったものであり、輪回にとどまって苦しむ衆生とともに無上正覚を求める心をもたないものである、と説く。したがって大乗の菩薩は、悪趣に堕すことではなく、むしろ声聞や独覚の道に堕すことを恐れねばならないというのである。

般若波羅蜜

『大阿弥陀経』に見られるような最初の大乗経典の課題が、般若経において、大乗の菩薩道あるいは無上正覚を求める道として説かれることになった。そしてそれがいかにして達成されるのか、そのときの菩薩の心はどのようでなければならないかを問題にするところに、般若経の独自の課題がある。

菩薩が無上正覚を求めても、般若波羅蜜を学ばないならば、阿羅漢や独覚の道に堕してしまうと説かれていた。したがって般若波羅蜜を求め学ぶこと、これが般若経（般若波羅蜜多経）の全編にわたって繰り返される主題である。

菩薩行は六波羅蜜として説かれていた。これによって釈尊が仏陀になったのであるから、六波羅蜜は仏道を成就する最高の行（波羅蜜）である。しかし般若経は、菩薩が般若波羅蜜（最高の智慧）によらないで布施などの行をしても、その布施は布施波羅蜜（最高の布施）という仏道にならないと説く。だから菩薩は、諸仏の仏土に生まれて、諸仏の教えを聞いて、なによりも般若波羅蜜を求めなければならないと説くのである。

分別を超える智慧

般若経は、なぜ般若波羅蜜を求めなければならないと説いたのか。般若経のつぎのような表現がきわだって特徴的なものである。

スブーティ（須菩提《しゅぼだい》）よ、ここにあって菩薩大士《ぼさつだいし》はこのように考える。「私は無量の衆生を般涅槃《はつねはん》させねばならない。私は無数の衆生を般涅槃させねばならない。しかし般涅槃させるものたちも、般涅槃させられるものたちも存在しない」と。彼はそれほど多くの衆生を般涅槃させるが、しかし、般涅槃させられた衆生も、般涅槃させる衆生もだれ一人いないのである。

もしも菩薩に、般涅槃させられる衆生という表象（saṃjñā 想）や、般涅槃させる自己という表象が起こるならば、もはや菩薩と呼んではならないという。だから無量の衆生を般涅槃させるが、しかも般涅槃した衆生は一人も存在しないし、般涅槃させたものも一人も存在しないという心をもって、菩薩は歩まねばならない。そして菩薩が、このような教説が説かれるのを聞いても、恐れおののかないならば、その菩薩は大いなる鎧《よろい》をまとって武装しているのだ（mahā-saṃnāha-saṃnaddha 摩訶《まか》僧那《そうな》僧涅《そうね》）と知るべきである、と説く。

このように、私が誰かに何かをという思いをもって仏道を歩んでも、それは菩薩の仏道にならないというのである。そしてそのような思いは分別《ふんべつ》（vikalpa）といわれる。菩薩が分別をもって歩むならば、いつしかそれは個人的な仏道に転落することになり、もはや大乗の菩薩道という意味をもつことができなくなる。

分別を超えること、それが般若経において新たに見いだされた菩薩道の課題なのである。この分別を超える智慧を般若波羅蜜（最高の智慧）といい、般若波羅蜜によらなければ仏道は成就しないと説くのである。

一切は空である

般若波羅蜜によって一切があるがままに如実に見られるとき、表象をもって現れているものはみな分別であり、その意味で、一切は空《くう》である（śūnya）と般若経は説く。空《くう》とは、本来空《から》っぽという意味であり、阿含経典でも用いられていた言葉である。般若経は、分別を超えるという仏道の新たな課題のもとで、一切は空であると説くのである。

そしてその課題は、仏陀の教説をも分別の心で聞くという問題にまでおよんでいる。教説を分別の心でとらえるならば、その分別をもってとらえている自己そのものは不問に付され、いつしか我執のままに歩みだし、菩薩の道から転落することになる。この教説（法）を分別することは、我執に対して法執《ほうしゅう》といわれる。

般若経が一切の諸法は空であると説くのは、ここに菩薩道の成否がかかっているからであるということができる。

Ⅲ　大乗の仏道—維摩経—

『維摩詰所説経《ゆいまきつしょせつきょう》』（維摩経《ゆいまきょう》）は、長者ヴィマラキールティ（維摩詰《ゆいまきつ》）の説法を中心に据えて、在家の菩薩の視点から大乗の菩薩道を説いた特異な経典である。般若経によって説かれた空の教説が、巧みな物語のなかで具体的な歩みのうえに表現されているということもできる。

心浄土浄

菩薩による仏土の浄化という主題（浄仏国土《じょうぶっこくど》の思想ともいわれる）は、般若経（特に『二万五千頌般若経』で顕著になる）によるものである。それは、仏土に生まれたあらゆる衆生を教化するためにどのような仏土にするかを、菩薩の誓願として説くものである。それを仏土の浄化という。無量寿経における菩薩の誓願が、仏土の荘厳《しょうごん》と説かれ出した（後期無量寿経から）のと同じである。

維摩経はこのように説く。菩薩が直心《じきしん》によって仏土を浄化すれば、仏陀になったときその仏土もまた直心からなるものとして、そこには不諂《ふてん》（へつらいのない）の衆生が生まれてくることになるという。また深心《じんしん》が菩薩にとっての浄土になり、菩提心《ぼだいしん》が菩薩にとっての浄土となる、と。そして次のように説いている。

もし菩薩、土を浄むことを得んと欲せば、まさにその心を浄むべし。その心の浄きにしたがってすなわち仏土浄し。
（鳩摩羅什訳『維摩詰所説経』仏国品第一）

菩薩の心が、仏陀になったときのその仏土を決定するという。土とは、心によって開かれた世界であることを説いている。したがって衆生たちもまた、その世界を開いている仏陀の心と一つの心になって、その世界に生まれていくことができるのである。

煩悩を断ぜずして涅槃に入る

智慧第一の舎利弗をはじめとする仏弟子たちがとりあげられて、維摩詰による声聞乗批判が繰り広げられる。林の中で静かに坐して三昧に入っている舎利弗に向かって、維摩詰は、煩悩を断ぜずに涅槃に入ると説く。煩悩とは苦しみの因であり、それを断じたところに涅槃があると教えを聞いてきた舎利弗は、何も返答できなくなってしまった。

煩悩や涅槃は教えの言葉であるが、それを分別の心でとらえるならば、煩悩がないところに涅槃がなければならない。舎利弗にとって、煩悩を断ぜずに涅槃に入るとは、まったく矛盾であり、維摩詰の説くことは理解を超えていたのである。

たしかに煩悩が私個人の内にありそれが苦を生み出しているのだと考えたとき、私個人にある煩悩をできるだけ断じようとするであろう。そして煩悩の断をどれだけ達成したかということが仏道の課題になれば、私はこれだけを達成して、彼はこれだけを達成したということが問題になるであろう。しかしこんなことに何の意味があるだろうか。これこそ個人的な小乗の仏道となる。

般若経において、正性決定《しょうしょうけつじょう》に入ったものたちは、無上の正覚に対して心を起すことができないと説かれていた。維摩経もまたそれを説いている。

煩悩の泥

もし無為《むい》を見て正位《しょうい》に入るものは、また阿耨多羅三藐三菩提心《あのくたらさんみゃくさんぼだいしん》を発《おこ》すこと能《あた》わず。譬《たと》えば、高原の陸地に蓮華を生ぜず。卑湿《ひしつ》の淤泥《おでい》にはすなわちこの華を生ずるがごとし。かくのごとく、無為の法を見て正位に入るものは、終《つい》にまたよく仏法を生ぜず。煩悩の泥の中にすなわち衆生有りて仏法を起こすのみ。

（鳩摩羅什訳『維摩詰所説経』仏道品第八）

無上正覚を求める心を菩提心という。その菩提心は、涅槃を証することが決定してしまったものにはもはや発《おこ》すことができない。むしろ煩悩の泥のなかにいる衆生がその菩提心を発すことができるのであり、菩提心のあるところに仏法を生ずる、すなわち仏道があると説くのである。だからまた、須弥山《しゅみせん》ほどに大きな我見《がけん》を起しても、それでもよく菩提心を発して仏法を生ずることができるという。煩悩は菩提心の障《さわ》りではなく、むしろ煩悩が如来の種《しゅ》（如来を生みだす家系）であると説く。すなわち、煩悩の泥のなかにあって歩むものに大乗の仏道があることを示している。

Ⅳ　菩薩の十地と一仏乗──十地経・法華経──

菩薩の十地

『十地経《じゅうじきょう》』は、後に『華厳経《けごんきょう》』のなかの一品に編入されていくが、もとは別の経典であったと考えられる。ここには、大乗の菩薩にとっての種々の課題が提示され、それを一つひとつ超えて仏道を成就していく十の段階が説かれている。それを菩薩の十地という。初地の歓喜地《かんぎじ》から第十の法雲地《ほううんじ》までが説かれる。特に初地を歓喜地というのは、そこで菩薩が自利利他を成就する道を得るからである。そして菩薩が達成しようとするのは、衆生を教化するための自在無礙なる智慧である。

また第六現前地《げんぜんじ》には、「この三界に属するものはただ心のみである」（三界虚妄但是一心作《さんがいこもうたんぜいっしんさ》）と説かれている。三界唯心《さんがいゆいしん》を説くものであり、後の唯識思想の典拠の一つとなった。ただし、『十地経』そのものにおいては、般若経の「すべての法は分別である」という教説を、「ただ心のみである」と受けとめているのであり、ここに新たな思想が表明されているのではない。

一大事因縁と一仏乗

般若経によって説かれた「大乗」あるいは「菩薩乗」という教説は、自らの仏道への批判的反省を基調にするものであった。しかしまた、自己の外に、小乗という意味での声聞乗や独覚乗という仏道を歩んでいるものたちがいるということをも表すこともあったであろう。だから三乗という三つの仏道があるとみなされることにもなったはずである。

それに対して、『法華経《ほけきょう》』は、二乗や三乗があるのではなく、ただ一仏乗《いちぶつじょう》（eka-buddha-yāna）があるのみだと説きだした。般若経によって説かれた大乗の菩薩道の意義を十分に受けとめつつ、もう一度、仏道の真意を明らかにしようとしたものだということができる。

そこで、仏陀たちがこの世に出現するのは、ただ一つのなすべきことがあるからであると説く。それを諸仏の一大事因縁《いちだいじいんねん》という。仏陀の出世本懐《しゅっせほんがい》（仏がこの世に出現する本意）という意味である。そしてその一大事とは、衆生に仏陀の知見《ちけん》（buddha-jñānadaraśana 仏知見）を説き示し得させることである、と。

ただこの一大事のために仏陀たちはこの世に出現する。だからまた、一仏乗によって法を説くのであり、その他に二乗も三乗もないという。すなわちただ一仏乗のみがあるとは、その一大事の成就こそが仏道なのであって、それ以外に仏道があるのではないという意味である。

これまでに三乗が説かれてきたのは、五濁《ごじょく》の世であり、その衆生たちの意欲は種々であるから、それに応じて説かれたにすぎず、それは巧みな方便《ほうべん》（upāya-kauśalya）なのであるという。すなわち、ただ一つの仏乗という真実に導くための巧みな方法だということである。

さらに『法華経』は、仏陀はすべての衆生を般涅槃に導くのであるが、その場合も、一仏乗によって般涅槃させる、と説く。

如来は、この衆生たちはすべて私の子であると知って、ただ仏乗のみによって、その衆生たちを般涅槃させるのである。しかし、どの衆生にも各々の般涅槃があるといっているのではない。そのすべての衆生を、如来の般涅槃である大般涅槃によって般涅槃させるのである。

（*Saddharmapuṇḍarīkasūtra,* 法華経　第三章　譬喩）

声聞の般涅槃や独覚の般涅槃にではなく、すべての衆生を、仏陀の般涅槃と同じ大般涅槃に導くという。伝統的には大般涅槃は仏陀に対してのみ用いられてきた。『法華経』は、すべての衆生に大般涅槃が証されるということによって、一仏乗であることを説いたのである。

（注）『法華経』による「大般涅槃」という語のこのような用い方は、大きな影響を与えることになった。後期無量寿経の誓願に現れる『無量寿如来会』の「証大涅槃」や同サンスクリット語経典の「大般涅槃にいたるまで」は、明らかにこの『法華経』の用法から来る。大乗経典の『大般涅槃経』の「大般涅槃」はさらに展開しているが、やはり『法華経』の用法がもとにあるであろう。

Ⅴ　経典の伝播

南伝仏教

マガダ地方を中心にしていた仏教は、マウリア朝のアショーカ王以後、インド全域に広がっていった。スリランカの伝承では、アショーカ王の王子マヒンダが仏教を伝えたということになっている。しかしこれは、仏教伝道をアショーカ王との関連で語り伝えようとしたものであり、史実とは考えられない。アショーカ王の時代、西インドのウッジャインが仏教の一つの中心地になっていた。おそらくそこからスリランカに仏教が伝わったのであろうと考えられている。

スリランカに伝わった仏教は、テーラヴァーダ（上座部）を伝統する仏教である。経典は古代インド語のパーリ語で伝えられ、この語は西インドの方言の要素を多くもっていると考えられている。スリランカから、ミャンマーをはじめとする東南アジアの諸国にテーラヴァーダの仏教が伝わっていった。このスリランカに伝わって東南アジア諸国に伝播した仏教を、南伝仏教と呼ぶことがある。

（注）大乗経典が成立した後、スリランカにまで伝わり受け容れられた時期もあったようである。しかし上座部の仏教を伝統していくという決定をしてからは、大乗経典を排除した。ただ『ブッダ・アパダーナ』の仏土の描写は大乗経典の表現に近い。それは一時期大乗仏教を受け容れた痕跡を残しているのだといわれている。

北伝仏教

これに対して、西北インドから中央アジアを経て、中国にまで伝えられた仏教を、北伝仏教と呼ぶことがある。しかし地方それぞれに仏教のどの伝統を受け容れるかは異なっているから、中国や日本にまで伝わった仏教であるということを意味するにすぎない。

釈尊の入滅後百年ころには、インド中央のマトゥラーが、仏教の一つの中心地になっていたと考えられる。そこから、カシミールやガンダーラへの布教活動がなされていたであろう。後には、マトゥラーもそうであるが、カシミールやガンダーラは、説一切有部の一大根拠地にもなっていった。

大乗経典が成立したのは紀元後一世紀ころであろう。そして紀元後二世紀ころから、マトゥラーとガンダーラにおいて仏像が造られ出した。マトゥラーからは、紀元後二世紀ころのものと考えられる阿弥陀仏像が立っていた台座が出土している。その台座には、阿弥陀仏の像であることと、紀元後二世紀ころと推定される寄進年が刻文されている。

仏教は、ガンダーラからさらにアフガニスタンへ、さらに北上して中央アジアのタリム盆地にまで伝えられる。タリム盆地の西端にカシュガル（疏勒《そろく》）があり、そこから盆地の北まわりのルートの中央にクチャ（亀茲《きじ》）が、そして東端にトゥルファン（高昌《こうしょう》）がある。クチャやトゥルファンには説一切有部の仏教が伝えられた。また盆地の南まわりのルートの中央にはホータン（于闐《うてん》）があり、ここは大乗仏教が盛んであった。

この中央アジアは、ペルシャの文化を基層にもっていたようであるが、言語的にはインド・ヨーロッパ語の流れのなかにあり、仏教経典が数多く伝わっていたと考えられる。いくつかの大乗経典は、ホータンで入手して中国にもたらされている。そして中国に仏教が伝わったのは紀元後二世紀半ばからであり、阿含経典も大乗経典も同時に伝えられていくことになった。

チベット仏教

チベットに仏教が伝わったのは、紀元後八世紀以降である。インドからヒマラヤを越えていくルートで伝わった。その時期のインドの仏教は、呪術的な要素をもった密教《みっきょう》が主流になりつつあった。密教がまずチベットに伝わっていった。その後、顕教《けんぎょう》として伝統的な大乗仏教を積極的に取り入れていったが、密教を基盤にした独特な仏教を形成していくことになる。そしてチベット仏教はモンゴルにも伝わっていき、広範囲の仏教圏をなしている。

チベットでは仏教を取り入れるために、まずチベット文字を考案しチベット語を整備して、国家事業として仏教経典を翻訳した。それによって仏教の一大叢書ができ、チベット語大蔵経として今日まで伝えられることになった。インド本土では、ほとんどの経典や論が失われてしまったが、このチベット語による翻訳事業があったために、インド語での原典を推定することができる。チベット仏教は今日も生きている仏教であるが、また一面、きわめて貴重な仏教遺産をも伝えた。

第二章　大乗仏教の思想

第一節　仏教教義学の展開

Ⅰ　諸法の分析と体系化

説一切有部

仏教のアビダルマ（論蔵）は、阿含経の教説中の教義概念を分析整理することからはじまった。その教説の整理とは、仏陀釈尊によって現観された諸法を分析し整理し、一定の秩序のもとに体系化していくことである。

仏教の各部派のなかでも、教義学をもっとも展開させたのは説一切有部《せついっさいうぶ》（Sarvāstivāda）である。前一世紀中ごろには部派として独立していたであろうと考えられている。そしてその教義学の最盛期は、後二世紀の中ごろと見なされる。カシミールにおいて教義学の集大成がなされ、大注解書（*Mahāvibhāṣā*,『大毘婆沙論《だいびばしゃろん》』玄奘《げんじょう》訳二百巻）が作られている。

この時期は、初期大乗経典が現れてきたころでもあり、なかでも般若経が説く空の教説は、説一切有部の教義学の根本主張と決定的に対立するものであった。対立しつつしかも相互に影響をおよぼしながら、一方で大乗仏教の思想が、他方で教義学が展開していったと考えられる。

四諦の現観

仏陀釈尊が歩まれたその同じ道を歩むものが仏弟子（声聞）である。釈尊は、苦と苦の因である諸法を現観し（縁起の観察）、それを四聖諦として教説された。したがって仏弟子たちもまた、四聖諦の教えのもとに諸法を現観する道を歩む。それは四聖諦を現観することであるとも、阿含経に説かれている。

説一切有部の教義学も、この四聖諦の現観（諦現観）を中心にしている。まず現観される諸法とはどういうものであるのか、その相互関係はどうなっているかということが考察される。そしてつぎに、どのような順序で現観が達成されるのか、そのことによってどのような道果（四沙門果）が得られるのかが考察される。そしてつぎにそのような現観をもたらす智慧はどのようなものであり、その智慧を支える三昧にはどのような種類があるのかなどが考察される。これは、阿含経の教説がこのように整理されたのだともいえるであろう。

五位七十五法

現観された諸法は、阿含経では、五蘊（色受想行識）・十二処（眼耳鼻舌身意の内六処と色声香味触法の外六処）・十八界（十二処に眼識耳識鼻識舌識身識意識の六識を加える）という教説で説かれていた。

また、渇愛を中心にして生ずるさまざまな心が阿含経に説かれていた。漏《ろ》（欲・有・無明の三漏）、取《しゅ》（欲・見・戒禁《かいごん》・我語の四取）、結《けつ》（有身見《うしんけん》・戒禁取見《かいごんしゅけん》・疑の三結、五結、九結）、縛《ばく》（貪・瞋・癡の三縛）、随眠《ずいめん》（貪・瞋・慢・無明・見・疑の六随眠）、あるいは蓋《がい》、随煩悩《ずいぼんのう》、纏《てん》等々がある。これらを総じて、煩悩（この語は阿含経にはない）あるいは随眠と呼ぶようになった。

また、中心の心（識）が生ずるときにともに生ずる他のはたらきを心所《しんじょ》という。煩悩も心所のなかに含まれることになるが、そこには感受や智慧なども含まれる。これらすべてが諸法と呼ばれ、その法の性質（相《そう》という）が考察され定義されていった。そして法の性質にもとづいて、五《ご》位《い》と呼ばれる新たな諸法の枠組みのもとに分類しなおされた。

五位は、色法《しきほう》・心法《しんぽう》・心所法《しんじょほう》・心不相応行法《しんふそうおうぎょうほう》・無為法《むいほう》である。色法とは、形ある諸法を指し、五根（眼耳鼻舌身）五境（色声香味触）などの十一法である。心法とは、六識であるが、一法と数える。心所法とは、心相応行法《しんそうおうぎょうほう》ともいわれ、心とともに生ずる他のはたらきであり（心と心所がともに生じはたらくことを相応するという）、四十六法を数える。心不相応行法とは、心と相応するものではないが、心が生ずることに特別のはたらきをもつ諸法であり、十四法ある。無為法とは、涅槃を意味するが、原因によって生じたものではないものという定義によって、虚空《こくう》（空間のこと）と択滅無為《ちゃくめつむい》（智慧による滅）と非択滅無為《ひちゃくめつむい》（智慧によらない滅）の三法があるとされる。

Ⅱ　縁起説の展開

阿含経の縁起説

阿含経に説かれる十二支縁起説は、老病死の苦しみがどのようにして生ずるのか、その苦の原因を観察したものである。そのなかで老死とはいま現に受けている苦しみを表し、その根本原因が渇愛あるいは無明であると説かれていた。

しかしまた、衆生がどのようにして生死を流転するのかを説明するために、この十二支縁起説が用いられる場合もある。その場合には、識支は現世での誕生を意味し、生・老死は未来の苦を表していた。これは業報世界の物語的な表現にあわせて説かれているものである。

説一切有部による縁起説の再解釈

教義学の中で、現観された諸法が分析され、それら相互の因果関係が論じられることになった。したがって、苦の生起と消滅は、諸法の生起と消滅によって、きわめて詳細に論じられることになっていった。その結果、苦の生起と消滅は、十二支縁起説を用いなくとも、諸法の生起と消滅の関係から明らかにすることができるようになったといえる。

このように、諸法の分析によって縁起説の新たな局面が開かれていった。すなわち、法が生ずるということが縁起と見なされることになる。したがって、苦の生起の因を明らかにするという十二支縁起説は、法の生起を意味する縁起に取って代わられたのである。そして他方、十二支縁起説はもっぱら業報世界の物語的な説明をするためのものと見なされることになり、それがより徹底されることになった。

説一切有部は、法の生起を意味する縁起を「有情数非有情数《うじょうしゅひうじょうしゅ》の縁起」「勝義《しょうぎ》の縁起」と呼び、業報世界の物語的な説明のための十二支縁起を「有情数縁起《うじょうしゅえんぎ》」「世俗《せぞく》の縁起」と呼びはじめる。「有情数《うじょうしゅ》」とは、有情（衆生）に関する縁起という意味である。「有情数非有情数《うじょうしゅひうじょうしゅ》」とは、有情に関するものも有情に関しないものも含めた縁起という意味である。それは諸法そのものの縁起だからである。

従来は、説一切有部の縁起説とは有情数縁起のことであると見なされがちであったが、諸法の生起というもっと積極的な縁起解釈があることが見逃されてきた。この新たな縁起観が成立したことによって、その影響下にある大乗仏教の思想の展開もありえたのである。

三世両重の因果

また有情数縁起としての十二支縁起説は、三世両重《さんぜりょうじゅう》の因果を説くものといわれる。それは、過去世の煩悩（惑ともいう）と業を表す無明と行によって、現在世の誕生を表す識が生じ、名色から受まではその成長過程を表し、渇愛・取は現在世における煩悩、有は業を表し、生・老死は未来世の苦を表すと解釈される。ここに、過去・現在・未来という三世《さんぜ》にわたって、過去から現在への因果と現在から未来への因果というように因果が二重になっているから、三世両重の因果といわれる。煩悩と業によって苦が生じ、それが過去から現在、現在から未来へと途切れることなく続いていくことをいう（惑・業・苦の反復）。苦しみの境涯（有）が繰り返されるので、有支《うし》縁起とも呼ばれてきた。

Ⅲ　三世実有説

説一切有部という部派名は「一切が存在すると主張するものたち」を意味するのであるが、彼らの三世実有説《さんぜじつうせつ》という特異な主張に由来する名前である。それは、すべての法が未来現在過去の三世にわたって存在するという主張である。

この主張の論拠の一つは、存在しないものを認識対象にする心（無所縁心）は存在しないということにある。逆にいえば、認識できるものはすべて存在するということになる。そして実際に未来や過去の法を観察してそれへの執着を離れることができる。それは、未来や過去の法が存在するからである、と論ずる。

諸法の自性

説一切有部は、法が未来や現在や過去に存在することを法の況位《きょうい》（bhāva）と言うが、その法の況位は変わっても、法それ自身の本質は変わらず確定したものであると考える。その法それ自身の本質を、自性《じしょう》（svabhāva）という。すべての法には、定まった自性があり、それは常に変わらずに存在する。それ故に、未来であれ現在であれ過去であれ、法を認識することができるのである。

つまり、変わらぬ自性があるから、ある特定の法をそれとして認識することができるという。未来の法を認識できるのは、未来の法にもその法の変わらぬ自性があるからである。したがって、自性とは、法の自己同一性を決定している固有の本質を意味するものとなる。説一切有部にとって、法の認識とは自性のもとに認識することである。

自性決定と自性不決定

法の自性が常に三世にわたって存在するから、法もまた況位は変わっても三世にわたって存在すると、説一切有部は主張することになる。これが三世実有説である。そして、このように決定して変わらぬ諸法の自性を、智慧によって明らかにしていくことが、教義学の目的でもあった。

ところがそれに対して般若経は、諸法には決まった自性などなく空であると説いた。諸法の自性の決定を説くものと、諸法の自性の不決定を説くものとによる、きわめて緊張した状況があったのである。

第二節　中観思想

Ⅰ　ナーガールジュナとその著作

ナーガールジュナ（Nāgārjuna　龍樹）の思想の後継者たちは、自らを中観学派《ちゅうがんがくは》（Mādhyamika）と呼んでいる。だからその思想は中観思想といわれる。ナーガールジュナその人については、伝説を通して知られるのみである。般若経や説一切有部の教義学との関連からいって、三世紀ころの人と見ることができるであろう。

鳩摩羅什による『龍樹菩薩伝』は、つぎのように伝えている。

ナーガールジュナは南インドに生まれた。早くから、ブラーフマナが伝えるヴェーダなどをことごとく学び、それを究《きわ》めつくした。さらに人生を最大に楽しむには快楽をきわめることであると考え、隠身の術を学び、友人とともに後宮にたびたびしのびこんだ。やがて後宮の女性たちは妊娠し、王はこの怪事の解明に乗りだした。宮殿内に白砂がまかれ、砂の上に現れた足跡を目がけて衛兵たちは剣を振り回し、切りつけた。友人は殺されたが、ナーガールジュナは王の傍らに身を潜め、脱出することができた。このとき快楽を求めることの罪を知り、出家した。

仏教の経典を読み理解したが、十分に満足できず、さらに方々に経典を探し求めたが得られなかった。そこで自分で経典を補い、新しい教団を創設しようとした。この慢心のナーガールジュナを憐れみ、龍（ナーガ）菩薩は、彼を海中の宮殿に連れていき、大乗の経典を与えた。これによってナーガールジュナは無生忍《むしょうにん》という大乗仏教の真理に目覚めた。その後、アーンドラ国のサータヴァーハナ朝の王のために仏教を説き、多くの論書を作ったのである。

（要約）

この伝説やその他のことから、南インドのアーンドラ地方の生まれであり、サータヴァーハナ王朝（一世紀から三世紀ころ）のなかのある王と親交があったことがわかる。その王のために著わした作品が伝わっている。サータヴァーハナ朝は、デカン高原を横ぎりベンガル湾に流れ込むクリシュナ河の上流にあるアマラヴァティーに都（二世紀後半から）をおいていた。さらにその上流のナーガールジュナ・コンダと呼ばれるところで僧院の跡が発掘されている。ナーガールジュナを称えて仏塔や僧院が建てられたという伝承を裏づけるものでもあろう。

少し後の『入楞伽経《にゅうりょうがきょう》』(*Laṅkāvatārasūtra*, 四世紀末ころの成立)に、ナーガールジュナを讃えた一文が伝えられている。

南国のヴェーダリーに、栄光あり名声大いなる比丘あり。
彼は、名をナーガといい、有と無の主張を打ち砕く。
私(仏陀)の乗である無上の大乗を世間に明らかにして、
彼は、歓喜地を得て、スカーヴァティー(極楽)に行くであろう。
(入楞伽経　第十章一六五—一六六偈)

ヴェーダリー(Vedalī)はアーンドラ地方の地名であろう。そこに名高いナーガという比丘が現れ、有無の見解を打ち砕き、仏乗としての大乗を明らかにし、菩薩十地の初歓喜地を得て、極楽浄土に生まれる、という。この経典はナーガールジュナから百年あまりたってインドにおいて作られたものである。ナーガールジュナの全体像をみごとにとらえているように思われる。

(注)親鸞は、『教行信証』の「正信偈」の龍樹章で、この『入楞伽経』の文をそのままに用いている。

また、仏教の論書が一個人の著作として現れたのは、この時代からであり、ナーガールジュナはその最初の一人ということができる。しかもインド文化の伝統のサンスクリット語で書かれ、仏教外の諸思想への批判が含まれている。

ナーガールジュナの著作として伝えられるものは多数あるが、その代表的なもののみをいくつか挙げる。

『中論《ちゅうろん》』*Madhyamaka-kārikā*, サンスクリット本、チベット訳、漢訳がある。主著である。詩頌で、二十七章からなる。

『廻諍論《えじょうろん》』*Vigrahavyāvartanī*, サンスクリット本、チベット訳、漢訳がある。詩頌と注釈からなる。

『宝行王正論《ほうぎょうおうしょうろん》』*Ratnāvalī*, サンスクリット本（断片）、チベット訳、漢訳がある。詩頌からなる。王に宛てた書簡体韻文。

『勧誡王頌《かんかいおうじゅ》』*Suhṛllekha*, チベット訳、漢訳がある。詩頌からなる。王に宛てた書簡体韻文。

『菩提資糧論《ぼだいしりょうろん》』漢訳のみがある。詩頌からなる。

『十二門論《じゅうにもんろん》』漢訳のみがある。真作を疑う意見もある。

『大智度論《だいちどろん》』漢訳のみがある。大品般若経（二万五千頌般若経）の注釈であり、百巻という大部のものである。すべてがナーガールジュナの作ではないと考えられてもいる。
『十住毘婆沙論《じゅうじゅうびばしゃろん》』漢訳のみがある。十地経の注釈であるが、第二地までである。
ナーガールジュナの弟子にアーリヤデーヴァ（聖提婆《しょうだいば》）がいた。その著作に『百論《ひゃくろん》』などがある。

Ⅱ『中論』の空思想

中道と縁起

ナーガールジュナは、論の題を「中」と名づけ、しかもそのなかで仏陀釈尊の教説を挙げてつぎのようにいう。

カートヤーヤナへの教説で、「ある」といい「ない」という二つともが、有と無とをよく知る世尊によって、否認されている。

（中論　第十五章第七偈）

ここに「カートヤーヤナへの教説」というのは、阿含経の相応部（一二・一五）の経（*Kaccāyanagotta-sutta*）に相当するものである。この阿含経の教説の主題は正見である。そこでは、正見とは有と無の二極端に近づかない中道であるとし、十二支縁起が説かれている。これをいい換えれば、中道とは有見と無見の両極端を離れた正見であるということができる。その正見によって如実に見られた苦と苦の因が、十二支縁起として説かれているのである。

ナーガールジュナもまた、この釈尊の基本的な立場にあって、釈尊の教説を仰ぐものであることをはっきりと表明している。まず『中論』冒頭の帰敬頌《ききょうじゅ》でこのようにいう。

不生不滅《ふしょうふめつ》、不断不常《ふだんふじょう》、不一不異《ふいつふい》、不来不去《ふらいふこ》であり、戯論寂滅《けろんじゃくめつ》し、至福《しふく》である縁起を説いた正覚者、説者中の最勝者に、私は礼拝いたします。（中論　帰敬頌）

論の冒頭で「私は、縁起を説いた正覚者（仏陀）に礼拝いたします」とまず自分自身の立場を表明している。そして『中論』を終えるに当たって最後にこのように言う。

あらゆる見解を断ずるために、哀愍《あいみん》の故に正法を教説された、そのゴータマに、私は礼拝いたします。（中論　第二十七章第三十偈）

最終の第二十七章は「見解の考察」と名づけられている。仏陀ゴータマは、見解によって苦しむものたちを哀愍するが故に、あらゆる見解から解き放つために、正見によって如実知見された正法すなわち縁起の法を説かれたのである、とナーガールジュナは受けとめているのだといっていいであろう。

不生不滅の縁起

ナーガールジュナは、般若経の空の教説を、仏教の根本教説である縁起の教説のもとに、すなわち伝統的な仏教思想のなかに位置づけようとしたといえる。しかしそのことによって、縁起そのものが、空の教説によってまったく新たにとらえられることになったのである。

帰敬頌の「不生不滅、不断不常、不一不異、不来不去、戯論寂滅、至福」という言葉はすべて縁起を限定する形容句である。だから、不生不滅の縁起、不断不常の縁起等々といわれていることになる。縁起とは、言葉のうえでは、「縁って起こること」であり、生ずること、つまり苦が生ずるということが基本の意味である。そうであれば、不生の縁起（＝不生の生）あるいは不滅の縁起（＝不滅の生）というのは、言葉のうえで理解することが拒絶されているとしかいいようがない。

さらにいえば、ここで縁起といわれているのは、説一切有部の教義学で論じられた「法の生起」を意味する縁起、すなわち非有情数有情数縁起のことである。そしていわゆる業報世界の流転を説明する有情数縁起といわれた三世両重の因果としての十二支縁起は、第二十六章の「十二支の考察」において論じられている。すなわちナーガールジュナは、説一切有部の教義学における二種の縁起説をよく知ったうえで論じているということである。

縁起は空である

ナーガルジュナは、その同じ『中論』のなかで、縁起の意味をつぎのように説いている。

縁起を、空であるとわれらは説く。それはなにかをよりどころとして言表《げんぴょう》することであり、その同じものが中道である。

（中論　第二十四章第十八偈）

ここに縁起が、空であり、なにかをよりどころとして言表すること（仮名《けみょう》）であり、中道であると説かれている。この偈は、空仮中《くうけちゅう》という縁起の三つの意味を説いたものとして、特に注目されてきた。

説一切有部の教義学によれば、なんらかの因があって法が生ずることが縁起であった。そしていかなる法にも決定した自性があるから、自性をもった法が生ずるのである。しかしナーガールジュナは、いかなる法にも自性がないという。もしも法に自性があるとすれば、すでにそれは存在しているのであるからさらに法が生ずる必要がなくなる。またもしも自性がないのなら、自性のないものに生ずるということもない。だから法は不生であり、生じないものに滅はないから不滅である。したがって、法は不生不滅であり、自性がないという意味で空である、すなわち無自《むじ》性空《しょうくう》であると説く。

諸法は、無自性空であるが、なにかをよりどころとして言表される。それが諸法が生ずるという縁起の意味であるという。このように無自性空としてすなわち不生不滅として見られた縁起が、正見によって如実に見られた縁起であり、すなわち中道である、と説いているのである。

戯論寂滅の縁起

このように『中論』は、法が生ずるという意味での縁起とは、なにかをよりどころとした言表があることだと説くのであるが、それは般若経が、諸法は分別《ふんべつ》にすぎないと説くのと同じことをいっているのである。だからまた『中論』も、分別を超えることを課題とする。それをつぎのように説いている。

業と煩悩の消滅から解脱がある。業と煩悩は分別から生ずる。それは戯論《けろん》から生ずる。戯論は空において消滅する。（中論　第十八章第五偈）

伝統からいえば、苦は業と煩悩によって生ずる。だから業と煩悩が消滅することによって苦からの解脱がある。ナーガールジュナは、その業と煩悩が分別から生じ、さらにその分別は戯論から生ずるという。

戯論《けろん》（prapañca）は、阿含経においてすでに用いられてきたものであるが、『中論』の注釈によれば、それは「言葉」であるという。言葉を介して、言葉が運ぶ意味表象のもとに、自己や人生の意味、世界の意味を理解する。それが分別といわれるものである。だから言葉によって分別が生ずるということができる。この分別を生ずる言葉が戯論と呼ばれている。

そしてその戯論は空において消滅するという。すべてが空であると理解したとき、戯論は消滅するということである。それが戯論の寂滅（prapañcopaśama）である。したがってまた、無自性空であり不生不滅である縁起は、戯論寂滅の縁起とも説かれるのである。

二諦説

ナーガールジュナにとっては、静寂で、戯論によって戯論されず、無分別であることが、真実相である。だからまたこのようにも説かれている。

すべての認知が寂滅し、戯論が寂滅し、至福である。どこにおいても、だれに対しても、いかなる法も、仏陀は説かれていない。

（中論　第二十五章第二十四偈）

真実そのものは、戯論の言葉を超えている。だから仏陀はなにも説かれていないという。しかしそうであるならば、戯論の言葉のなかにいるものたちが苦から解脱するということはありえないことになる。そこでつぎのように説いている。

二諦によって、諸仏の法の教説がある。世間世俗諦《せけんせぞくたい》と勝義諦《しょうぎだい》とである。
（中論　第二十四章第八偈）

言説《ごんせつ》によらないでは、勝義は教説されない。勝義に達せずして、涅槃を証得することがない。
（中論　第二十四章第十偈）

世俗諦《せぞくたい》（saṃvṛti-satya）とは言葉による真実のことをいい、勝義諦（paramārtha-satya）とは最高の意味での真実のことをいう。仏陀の教説は、この二つの真実、すなわち二諦にもとづいてなされると説く。

教説そのものは言葉であるが、しかしそれは勝義諦すなわち最高の意味での真実を指し示す言葉である。だから、教説としての言葉は、世俗諦すなわち言葉による真実という意味をもつ。そして、この言葉によって真実が指し示されることによって、すなわち勝義が教説されることによって、涅槃の証得があるというのである。

第三節　中期大乗経典と仏性思想

Ⅰ　中期大乗経典

無量寿経や般若経などの初期大乗経典が成立した後、さらに三世紀後半から四世紀にかけて成立したと考えられる大乗経典を、中期大乗経典と呼ぶ。これらは、ナーガールジュナの後に現れたものであり、アサンガやヴァスバンドゥ以前には成立していたと考えられる経典である。代表的なものは、つぎのような経典である。

『如来蔵経《にょらいぞうきょう》』如来蔵思想を説く経典である。

『勝鬘経《しょうまんぎょう》』如来蔵思想を説く経典である。

『大般涅槃経《だいはつねはんぎょう》』阿含経の同名の経典と区別するために『大乗涅槃経』と呼ぶこともある。仏性思想を説く経典である。

『解深密経《げじんみっきょう》』唯識思想を説く経典である。

『入楞伽経《にゅうりょうがきょう》』如来蔵や唯識思想を説く経典である。

これらの中期の大乗経典にはある共通した主題がある。「すべての衆生に如来蔵《にょらいぞう》がある」あるいは「すべての衆生に仏性《ぶっしょう》がある」という教説が繰り返される。これは、いかなる衆生もすべて仏道を成就することができることを説くものである。

このような主題の背景には、無量寿経や般若経によって説かれた大乗の菩薩道があるのはいうまでもないが、より直接的には、『法華経』の一仏乗の思想があると考えられている。『法華経』の一仏乗の思想は、先にすでに見たが、つぎのような言葉でもそれを説いている。よく読まれてきた鳩摩羅什訳によって示そう。

いまこの三界はみなこれ我が有《う》なり。そのなかの衆生はことごとくこれ吾が子なり。

（法華経　譬喩品）

すべての衆生が仏子《ぶっし》であると説いている。仏陀の大いなる慈悲を表すものである。このような教説にもとづきながら、中期の大乗経典は、その慈悲の光をあびる衆生の心を問題にして、すべての衆生に成り立つ仏道を明らかにしようとするものであるということができる。

Ⅱ　『大般涅槃経』の仏性思想

最初の大乗経典である『大阿弥陀経』において、阿弥陀仏の光明がつきることがなく冥《くら》きときあることなしといい、般涅槃しない仏陀であることが説かれた。それは無量の寿命をもつ仏陀を意味する。

仏陀の身体

般若経には、過去未来現在の如来たちは、法身《ほっしん》（dharma-kāya）からなるものだから、色身《しきしん》（rūpa-kāya）として見てはならないといい、そしてこの如来の身体は、真実のきわみである般若波羅蜜（最高の智慧）によって明らかにされるものであると説いている。

『法華経』は、釈尊が成仏してから久遠のときがたち、衆生の教化のために方便で般涅槃するというが、実には般涅槃することがないと説く。霊鷲山《りょうじゅせん》においていまなお説法する久遠劫《くおんごう》以来の釈尊が説かれる。

大乗の『大般涅槃経』（以下は涅槃経とする）は、阿含経の『大般涅槃経』と同じく、仏陀釈尊の大般涅槃を主題とするものである。涅槃経もまた、如来身とは常住身《じょうじゅうしん》、不可壊身《ふかえしん》、金剛身《こんごうしん》であり、雑食身《ぞうじきしん》ではなく、法身であると説く。

これらの経典は、その説き方がそれぞれ異なるが、仏身《ぶっしん》（仏陀の身体）をどう見るべきかを説いている。阿含経においても、長老ヴァッカリへの教説では、腐っていく身体のうえに仏を見るのではなく、法のうえに仏を見るべきことが説かれていた。それは、般若経の色身と法身という区別へと展開していったと見ていいであろう。色身とは形をもった身体であり、生身《しょうしん》ともいわれる。涅槃経の雑食身でもある。法身とは法からなる身体という意味である。長老ヴァッカリへの教説の場合と同様に、ここでの法とは教説を指すのではなく、仏陀によって現観された法である。だから般若経は、それは般若波羅蜜によって明らかにされるものだと説く。

仏陀の大般涅槃をめぐっても、仏身とはなにかがあらためて問われたであろう。その問いに対しても、法身と説かれたのである。身体があるとは、生きてはたらいていることを意味する。そして仏陀が仏陀でありうるその仏陀の生命とは、仏陀自らによって現観された法である。したがって、仏陀はいまなお法からなる身体をもって生きてはたらいていると説かれたのである。

一切衆生悉有仏性

涅槃経の教説のなかで最も注目されるのは、仏性を説いていることである。「仏性《ぶっしょう》」と漢訳される原語は buddha-dhātu である。仏陀を生みだす要因、あるいは仏陀になる要因というほどの意味であると考えられる。そして、一切の衆生に仏性があるというのは、一切の衆生に仏陀になる要因があるということを意味するといえるだろう。仏性という漢語から、一切の衆生が仏陀の本性あるいは本質をもっていると解することができるかも知れない。

また、涅槃経にも見られる「如来蔵《にょらいぞう》」という語の原語は tathāgata-garbha である。如来の胎児を宿すもの、あるいは如来を孕《はら》んでいるものというほどの意味である。一切の衆生は如来の胎児を宿していると説かれる。一切の衆生は如来になる可能態であるという意味であろう。つぎのように説かれている。

一切衆生は定《さだ》んで阿耨多羅三藐三菩提を得《う》るが故に、この故に我は、一切衆生に悉《ことごと》く仏性有りと説く。（涅槃経　師子吼菩薩品）

これによれば、一切の衆生に仏性があるというのは、すべての衆生は必ず無上正覚を得ることができるということを意味している。つまり、どんな衆生であっても必ず仏道を成就することができるということを、すべてみな仏性をもっている、すなわちすべてみな仏陀になる要因をもっていると説いていることになる。これが基本的な意味であろう。

さらにまた、一切衆生は必ず大慈大悲を得ることができるから、あるいは、一切衆生は必ず一《いっ》子地《しじ》を得ることができるから、一切衆生悉有仏性《いっさいしゅじょうしつうぶっしょう》と説くのだともいう。

仏陀がわが子ラーフラのように衆生を見ることを一子想《いっしそう》という。菩薩たちも同じく衆生を一子想をもって平等に見る。そして衆生が一子地を得るというのは、仏菩薩たちから、一子想をもって平等に見られる位につくことができるということである。必ずみな大慈大悲を得ることができるという意味でもある。どんな衆生も必ず仏道を成就することができるのは、そこに仏菩薩の大慈大悲を必ず得ることができるからであるということである。

一闡提

ところが涅槃経は、一切衆生にみな仏性があるが故にみな阿耨多羅三藐三菩提を成ずることができるが、しかし一闡提《いっせんだい》は除くと説く。すべての衆生は仏道を成就することができるが、一闡提だけは除くというのである。

一闡提（**icchantika** 原語の意味不明）のことを、このように説いている。「有信の人はすなわち可《か》治《じ》と名づく。無信の人は一闡提と名づく。一闡提とは不可治《ふかじ》と名づく」と。すなわち一闡提とは、信のないものであり、もはや治すことができない人である。あるいは「一闡提とは、一切の諸善の根本を断滅し、心一切の善法を攀縁《はんねん》せず、乃至《ないし》一念の善を生ぜず」という。すなわち一闡提とは、まったく善なる心がないもの、断善根《だんぜんごん》のものである。あるいは無慚無愧《むざんむき》のものとも説かれる。

ここに「信」というのは、苦しみがあり、それを超える道があると信ずる心である。したがって信は菩提の因といわなければならない。だからつぎのようにも説かれている。

人の手に瘡《きず》あるもの、毒薬を捉持《そくじ》すれば、毒すなわち随って入るも、もし瘡なき者は、毒すなわち入らざるが如し。一闡提の輩《ともがら》もまたかくの如し。菩提の因無し。瘡とはすなわち無上菩提の因縁なり。まったく瘡なき者とは一闡提を謂《い》う。

（涅槃経　如来性品）

一闡提とは瘡のないものであるという。苦しみがあると信じないものである。慚愧《ざんき》し苦があると信じて、はじめてそれを超える道を求める。仏教においては、菩提が最もすぐれた善であり、そこに向かう心も善である。瘡なきものとは断善根のもの、善心がまったくないものである。

このように苦あり仏道ありと信じないものには、法を聞く心がない。教説はとどかない。だから不可治といわれる。大医王である仏陀も治すことができない。それが一闡提である。

しかしまたこのようにも説いている。

譬《たと》えば父母所愛《ぶもしょあい》の子の、捨てて終亡《しゅうもう》すれば、父母愁悩《しゅうのう》して、命をともにせんと願うが如く、菩薩もまたしかなり。一闡提の地獄に堕するを見て、またともに地獄の中に生ぜんと願う。何をもっての故に。この一闡提にして、もし受苦の時、或は一念の改悔《がいけ》の心を生ぜば、我れすなわちまさにために種々の法を説き、彼をして一念の善根を生ずることを得しむべし。

（涅槃経　梵行品）

聞く耳をもたない一闡提であっても、菩薩はそのかたわらにあって、その一闡提が苦しみから後悔の念を一瞬でも生ずるかもしれない、そのときを待って法を説こうという。そして一闡提も一念の善を生ずることができれば、もはや一闡提ではなくなる、と涅槃経は説く。

第四節　唯 識 思 想

I　アサンガとヴァスバンドゥとその著作

アサンガ（Asaṅga 無著《むじゃく》）とヴァスバンドゥ（Vasubandhu 世親《せしん》、天親《てんじん》）の兄弟は、ガンダーラのプルシャプラ（現ペシャワール）に生まれた。五世紀ころであろう。二人の生涯を伝えるものに、パラマールタ（真諦《しんだい》）の『婆藪槃豆法師伝《ばすばんずほっしでん》』と玄奘《げんじょう》の『大唐西域記《だいとうさいいきき》』中の記事がある。アサンガは説一切有部（玄奘は化地部とする）によって出家し、後にしばしば兜率天に行って弥勒菩薩《みろくぼさつ》から大乗の教えを聞いて論を著わした。ヴァスバンドゥも説一切有部によって出家し、教義学の大注解書『大毘婆沙論』を学び、その綱要書『倶舎論《くしゃろん》』を著わした。アサンガは、大乗を毀謗《きぼう》しているヴァスバンドゥの将来を憂えて呼び寄せ大乗を教えた。大乗のすぐれていることを知り、自らの過ちを悔い、大乗を毀謗した舌を切って罪を謝ろうとした。アサンガは、千の舌を切っても罪を滅することはできない、罪を滅するにはその舌で大乗を解説するがいいという。それからは多くの大乗経典の解釈をし、大乗の論を造ったのである、と。

アサンガの著作のなかには、自ら著わした論と弥勒菩薩説（あるいは弥勒菩薩造）といわれるものとがある。ここで弥勒菩薩説（あるいは造）というのは、アサンガが出会った教えの伝統を表すものであり、それをアサンガが編纂して伝えたと解しておこう。

アサンガの代表的な著作はつぎのようである。

『大乗荘厳経論《だいじょうしょうごんきょうろん》』*Mahāyānasūtrālaṃkāra*, サンスクリット本、チベット訳、漢訳がある。アサンガ編の詩頌。ヴァスバンドゥの注がある。

『中辺分別論《ちゅうへんふんべつろん》』*Madhyāntavibhāga*, サンスクリット本、チベット訳、漢訳がある。アサンガ編の詩頌。ヴァスバンドゥの注がある。

『瑜《ゆ》伽《が》師《し》地《じ》論《ろん》』*Yogācārabhūmi*, サンスクリット本（一部）、チベット訳、漢訳がある（玄奘訳　百巻）。アサンガ編。唯識思想の萌芽から成熟期までの多くの論説が集められ編纂されたものである。

『摂大乗論《しょうだいじょうろん》』*Mahāyānasaṃgraha*, チベット訳、漢訳がある。アサンガの主著である。ヴァスバンドゥの注『摂大乗論釈』がある。唯識思想のもとに菩薩道を体系的に論説したものである。

『阿毘達磨集論《あびだつまじゅうろん》』*Abhidharmasamuccaya*, サンスクリット本、チベット訳、漢訳がある。アサンガ作。

ヴァスバンドゥの著作はきわめて多い。代表的な著作はつぎのようである。

『倶舎論《くしゃろん》』*Abhidharmakośabhāṣya*, サンスクリット本、チベット訳、漢訳がある。ヴァスバンドゥの主著である。説一切有部の教義学の最もすぐれた綱要書であり、しかもその教義学への批判が内包された大部の論説である。

『唯識三十頌《ゆいしきさんじゅうじゅ》』*Triṃśikāvijñaptikārikā*, サンスクリット本、チベット訳、漢訳がある。唯識思想を体系的に三十の詩頌でまとめたもの。多くの注釈がなされて唯識思想の伝統を形成していった。

『唯識二十論《ゆいしきにじゅうろん》』*Viṃśatikāvijñaptimātratāsiddhi*, サンスクリット本、チベット訳、漢訳がある。二十の詩頌と論からなる。唯識無境ということのみを論説したものである。

『五蘊論《ごうんろん》』*Pañcaskandhaka*, サンスクリット本、チベット訳、漢訳がある。唯識思想の立場から、アビダルマ教義学における諸法を論説したもの。

『十地経論《じゅうじきょうろん》』*Daśabhūmivyākhyāna*, チベット訳、漢訳がある。『十地経』の注釈である。

『無量寿経優波提舎《むりょうじゅきょううばだいしゃ》』漢訳がある。無量寿経の注釈である。『浄土論』ともいう。
『妙法蓮華経優波提舎《みょうほうれんぎょううばだいしゃ》』漢訳がある。法華経の注釈である。

その他、前に挙げたアサンガの論に対する注釈がある。

前に述べたように、ヴァスバンドゥは先に説一切有部の教義学を学んだが、アサンガによって大乗仏教を教えられ、大乗を宣揚するようになったと伝えられている。一応はそう受けとめることができるであろう。大乗仏教に立場を変える前に著わしたことになっている『倶舎論』は、説一切有部の教義学の綱要書として高い評価を受けたものである。これ以降は、教義学を学ぶに当たっての最も基本的な論となっていった。

しかし『倶舎論』には、説一切有部の教義学を根底から覆すような批判が含まれている。そのため、カシミールの説一切有部のサンガバドラ（Sanghabhadra 衆賢《しゅげん》）は、『倶舎論』を反駁するために『順正理論《じゅんしょうりろん》』を著わし、説一切有部の伝統説から逸脱しているところを鋭く反駁している。

『倶舎論』が批判説を論ずるときは、経量部《きょうりょうぶ》の見解として語る。経量部とは、アビダルマを中心にするものたちである阿毘達磨論師《あびだつまろんじ》に対して、経典を中心にするものたちという意味である。特定の部派を指す言葉ではない。古来から、この経量部とは何であるかが論じられてきた。しかしその名前で展開される批判の多くは、『瑜伽師地論』にある見解と一致することが多い。『倶舎論』を著したヴァスバンドゥが大乗経典や唯識思想を知っていて当然のことである。だから『倶舎論』は、単にすぐれた綱要書というにとどまらないものをもっている。その意味でまた、阿含経典や教義学を伝統する僧伽の中で、大乗仏教がいったいどのように学ばれていたのかはいまだ十分に解明されていないといえよう。

Ⅱ　虚妄分別と三性説

虚妄分別

唯識思想は、般若経の空の教説のもとに展開したものである。したがって「諸法は分別にすぎない」という教説が唯識思想の根底にある。『中辺分別論』の冒頭はつぎのようにはじまっている。

虚妄分別《こもうふんべつ》はある。そこに二つのものはない。そこに空ということがあり、そこにまたそれ（虚妄分別）がある。　（中辺分別論 第一章第一偈）

ここでは、分別にすぎないから空であるとすぐには説かない。まず「分別にすぎない」ということが意味する「虚妄」を取りだしておいて、「分別はある」と問題提示をする。虚妄なるものである「二つのもの」すなわち分別されるもの（所取《しょしゅ》）と分別するもの（能取《のうしゅ》）はない。だから分別はその二つを欠くから空である。その空であるところに分別がある、といっている。

このように、すべては空であるといってしまわずに、なにが有りなにが無いかを如実に見ることが中道であると、つぎの詩頌（中辺分別論 第一章第二偈）で説く。般若経と『中論』の伝統を受けて、分別、空、中道という課題を、唯識思想として語り直そうとするのである。

三性説

われわれが日常で経験していることのすべてが分別にすぎない。しかしいかに迷ったものであっても経験しているという事実はある。その迷いの事実を「虚妄分別がある」という。その事実から動かずに、なにが有りなにが無いかを三つの様相に区別し、迷いの経験と真実との関係を説いたものが、三性説といわれる。つぎの三つである。

遍計所執性《へんげしょしゅうしょう》（分別性）parikalpita-svabhāva　分別されたものを自性とするもの

依他起性《えたきしょう》（依他性）paratantra-svabhāva　他に依っているものを自性とするもの

円成実性《えんじょうじつしょう》（真実性）pariniṣpanna-svabhāva　真に実在するものを自性とするもの

遍計《へんげ》（parikalpa）とは分別することである。遍計所執《へんげしょしゅう》（parikalpita）とは、分別されたものという意味である。だから遍計所執性というのは、分別されたものを自性とするものということになる。これはわれわれの経験を語るものである。つまり、われわれの分別による経験は、分別によって執されたものを本質とするということ、言い換えれば、分別されたにすぎないものを、実在すると執着しているにほかならないということである。したがってそこで経験され、執されているものは実在しない、すなわち無であるということを説くものである。

依他起（paratantra）とは他に依って起ること、すなわち縁起したものであることを意味する。だから依他起性というのは、縁起したものを自性とするものである。われわれが分別によって執しているものは実在しないとしても、執着し迷うという経験の事実は存在する。その分別の経験そのものは、縁起したものであるとする。つまりそれは原因があって生じたものであるとみることにほかならない。したがって経験の事実は、縁起したものという意味で実在する、すなわち有であるということを説くものである。

円成実（pariniṣpanna）とは真に実在するものを意味する。だから円成実性というのは、真に実在するものを自性とするものである。だからまた旧訳では真実性《しんじつしょう》と訳している。執着し迷う経験が、執着を離れることによって、真実に触れた経験へと転換されることを語るものである。しかしそれがどのような状態であるかは、各自の内面の経験（自内証《じないしょう》）によるものであるから、言説することはできないという。

ただ三性の中の関係でいえば、円成実性とは、依他起性において遍計所執性がないことであると位置づけされている。また、その円成実性という況位に入った菩薩には、知られるもの（所《しょ》縁《えん》）と知るもの（能縁《のうえん》）とがまったく平等（平等平等）である無分別智《むふんべつち》が生ずると説かれている。つまり、知られるものと知るものとの区別のうえで知るという経験は、分別智によるものである。その分別智から、分別を超えた無分別智への転換を説くものが、この三性説である。

（注）三性説は、蛇と縄の譬喩で表わされてきた。夜道で蛇だと驚いたが、灯りでよく見るとそれは縄であったということがある。そのときの蛇と縄を、それぞれ遍計所執性と依他起性とに喩えて、遍計所執性の無と、依他起性の有とを説くのである。さらに縄は麻からできているとして、円成実性をその麻に喩えて説く場合もある。これを蛇縄麻《じゃじょうま》の喩えという。しかし譬喩一分（喩えで表しているのは事実の一部分という意味）というように、理解の助けであるにすぎない。

Ⅲ　唯識無境とアーラヤ識

唯識無境

唯識思想の基本主張は「このすべてはただ識のみである」（idaṃ sarvaṃ vijñapti-mātrakam, 唯識三十頌　十七）ということである。このすべてとは、三界に属するものすべてである。ただ識のみであるとは、識（vijñapti 認知、識知）のみがあってその外境《げきょう》（bāhyārtha 外界の認識対象）はないという意味である。これが唯識無境《ゆいしきむきょう》といわれることである。

般若経や『中論』、あるいは『瑜伽師地論』の古層といわれる「菩薩地《ぼさつじ》」などにおいては、分別の問題がとりあげられ論説されてきた。その分別の問題が、識における問題として受けとめられたところに、唯識思想の発生を見るべきであろう。というのは、分別（vikalpa）とは、心の一つの心所、とりわけ意識の心所のはたらきの一つであり、阿含経や教義学においては、重大な意味をもった法としてとらえられたことがなかったからである。したがって、ここに新たな識論が展開することになる。

根《こん》と境《きょう》に縁《よ》って識《しき》が生ずるというのが、阿含経の教説以来の仏教の定説である。識の外に境（対象）が存在するから、その境を認識対象（所縁《しょえん》）として識が生ずるのである。だから、識の認識対象（所縁）となる境は、所縁縁《しょえんねん》（所縁という縁、所縁という原因）と呼ばれる特別の原因なのである。

ところが、唯識無境という説は、所縁縁となる外境なしに識が生ずるという主張である。すべては心によるという表現は阿含経にもあるし、すべては分別にすぎないと般若経は説いた。唯識思想は、その表現が意味すること自体を、教義学の領域にまでもちこんで問題にするのである。

一水四見

しかし、原因なくして法が生ずるということは、仏教が認めるところではない。どうして唯識説が成立するのか。その問題に対して教義学的に答える前に、経験上において唯識無境であることがまず提示される。たとえば「一水四見《いっすいしけん》の喩え」といわれるものがある。人が水であると見ているものを、餓鬼《がき》が見れば膿《うみ》の河に見え、飲むわけにはいかず、ますます飢えに苦しむ。畜生《ちくしょう》である魚にとってそれは住み家である。天（神々）にとっては瑠璃《るり》の大地と見える。

このように、同一の境に対して、境涯を異にする衆生は異なった心を生ずる。もしも外界に境がありそれが原因となって識が生ずるのであるなら、境涯を異にしても同じ識を生ずるはずである。しかし実際にはそうでない。したがって外界に同一の境があるから識が生じているのではない、という。

アーラヤ識

では外境なしにどうして識が生ずるのであろうか。このことは、『瑜伽師地論』の古層である「菩薩地」において、どうして分別が生ずるのかという問題としてある程度考察されていた。そこでは、分別の性格を八種類に分類して構造化している。後の八識説による縁起論につながる考察である。そして、その対象が外界に実在しないから分別なのであるが、その分別が生ずる原因とは、過去に経験した分別であると論じている。

過去の経験が、現在の経験が生ずる原因になっているということは納得できることでもある。しかしこの問題が識ではどうなるか。識の生ずる原因は、外境ではなく、識自身だということである。識には六識《ろくしき》あるが、どれも刹那《せつな》に生滅するということが定説であり、二つの識が同時に生ずることは認められていない。それ故、識は識の原因とならない。

しかし、唯識思想は、心には、過去の経験をたもち、現在の経験を生ずるための原因となる構造があることを認めたのである。それを、六識とは別に、原因となる識（pratyaya-vijñāna 縁識《えんじき》）と名づけた。六識というのは、刹那刹那に生じている心のはたらきを六種に区別して名づけているものである。したがって、それら六種のはたらきとは別のもう一つのはたらきを認めたのである。そしてその縁識というはたらきだけは、他の識のはたらきと同時に生ずるものであることも認めたのである。

この縁識は、アーラヤ識（ālaya-vijñāna 阿頼耶識《あらやしき》）と名づけられることになる。アーラヤ（ālaya 阿頼耶《あらや》）とはいろいろなものを収める蔵《くら》という意味であるから、蔵識《ぞうしき》とも訳される。過去の経験をそこに蓄積しているという意味である。そしてそこに蓄積されている原因を種子《しゅうじ》（bīja）と呼んだ。だからアーラヤ識はまた、一切種子識《いっさいしゅうじしき》（sarva-bījakaṃ vijñāṇam）とも名づけられる。あらゆる原因を蓄積している蔵という意味である。ということは、心にはいかなる経験をも成り立たせるすべての原因があるということである。どの経験がいつ生ずるかは、縁によるのである。また一切種子識と呼ばれるアーラヤ識をそなえて誕生するから、異熟識《いじゅくしき》（vipāka-vijñāṇa）とも呼ばれる。業の結果としての識という意味である。

熏習と八識説

これまでの眼耳鼻舌身意という六識にアーラヤ識が加えられ七つの識がある。そしてアーラヤ識は原因として常に生じている識であり、六識はそのアーラヤ識を原因として生ずる。それら六識は、現行識《げんぎょうしき》とか転識《てんじき》と呼ばれ、それは現在の経験を意味する。そしてその経験は結果としてアーラヤ識に残され蓄積されていくという。つまり、アーラヤ識にある種子が原因となって現識《げんじき》が生じ、その現識がまたアーラヤ識にその結果を残すのである。それを熏習《くんじゅう》（vāsanā）という。熏習とは、香木を焚《た》いてその香りが衣などに残ることをいう。そこに残った香りは習気《じっけ》（vāsanā）といわれる。現行識はアーラヤ識に習気を熏習するのである。その熏習された習気は、種子として蓄積される。習気も種子も同じであるが、結果としての沉位についての名と原因としての沉位についての名の違いである。

六識のなかの意識には、有身見《うしんけん》（我見《がけん》）という心所があり、そのはたらきによって、われわれに、我我所《ががしょ》（自己と自己の所有）の経験が成り立っている。しかしこの自己の経験は、経験のなかで根本的なものであり、常にはたらいているものといえる。そこでその識のはたらきを意識

（mano-vijñāṇam）とは別に認めて、末那識《まなしき》（manaākhyaṃ vijñāṇam）と呼ぶことになる。これによって八識説が成立する。

Ⅳ　熏習と転依

二種の縁起と三熏習

唯識思想は、このような識説によって、二種の縁起を説いている。分別《ふんべつ》自性縁起《じしょうえんぎ》（自性を区別する縁起）と、分別愛非愛縁起《ふんべつあいひあいえんぎ》（好ましい果と好ましくない果を区別する縁起）の二つである。ここでの分別（vibhāga）は、区別の意味である。

分別自性縁起とは、諸法がアーラヤ識から生ずることである。諸法それぞれの自性の区別によって諸法が生ずる。その自性の区別は、アーラヤ識の種子を因としている。というのは、その種子は名言熏習《みょうごんくんじゅう》によって熏習された名言種子《みょうごんしゅうじ》だからである。名言熏習とは、言葉の経験を意味する。したがって、諸法が生ずるという縁起は、意味をもった言葉の経験（戯論）が原因になっているということである。

また我見という法が生ずることも、この分別自性縁起である。そしてこれは、我見熏習《がけんくんじゅう》による種子を原因とする。

分別愛非愛縁起とは、善趣や悪趣に生まれて愛非愛の果を受けることである。それは三世両重の因果をもった有情数縁起として解釈された十二支縁起を意味する。そしてこれは有支熏習《うしくんじゅう》によって熏習された種子を原因とする。有支熏習とは、煩悩・業・苦の経験を意味する。

このような二種の縁起とは、説一切有部による二種の縁起、すなわち有情数非有情数縁起と有情数縁起の区分に対応する。法が生ずるという縁起と、煩悩・業・苦という有《う》の連続を意味する縁起である。この説一切有部による二種の縁起説は、これまでに見てきたように、中観思想においても受け継がれていた。そして唯識思想にも受け継がれている。説一切有部と中観思想と唯識思想とは、「法が生ずる」という縁起観を共通にもちながら、それをどのように理解するかという点において異なっているといえよう。

唯識思想は、二種の縁起を説くが、そのいずれもアーラヤ識の種子から生ずることを縁起という。そしてそれはまた、名言・我見・有支の三つの熏習による種子によると説いているのである。

聞熏習と転依

唯識思想は、経験することを熏習といい、どのように苦しみを経験することになるのかを明らかにしようとする。そしてその同じ熏習という経験の構造によって、苦しみからの解脱も成り立つことを説いている。

それは聞熏習《もんくんじゅう》によって無漏《むろ》の種子が熏習されることによって、アーラヤ識を転じて智慧が生ずるからであると説く。聞熏習によって、無漏の種子が熏習され、その種子から智慧が生ずることを、転識得智《てんじきとくち》といい、識というよりどころが智に転換することになるから、転依《てんね》ともいわれる。

無分別智と後得智

転依によって得られた智は、分別を超えた智であるが故に、無分別智（nirvikalpa-jnana）と呼ばれる。その無分別智を得るための加行智《けぎょうち》（準備努力する智）やその無分別智の後に得られる後得智《ごとくち》と区別して、根本無分別智とも呼ばれる。そしてこの無分別智は三昧のなかで得られるものであり、出世間智（lokottara-jnana）である。

前の加行智や後の後得智は、三昧の中にあるのではなく、どちらも分別をともなった智（分別智）であり、世間智（laukika-jnana）である。ただし、無分別智の後に得られた後得智は、分別智でありながらも、無分別智のすぐれたはたらきのもとにあって顛倒《てんどう》（逆さまの誤った見解）がないので、後得清浄世間智《ごとくしょうじょうせけんち》とも呼ばれる。

転依によって得られる智は、その転換させられる識に対応して四つあるとされる。それは、大《だい》円鏡智《えんきょうち》（アーラヤ識の転依）、平等性智《びょうどうしょうち》（末那識の転依）、妙観察智《みょうかんざつち》（意識の転依）、成所作智《じょうしょさち》（五識の転依）の四智である。

三仏身説

菩薩とは、仏陀に出会って教えを聞き、仏道を歩むものである。ではそこで出会う仏陀とは、いったいどういう仏陀であるのか。あるいはまた、種々の人間関係のなかに生きるわたしたちが、仏陀の教えを聞くものになるとは、どのような人生の内容と意味をもつのか。

このような問いが、仏陀の身体とは何であるかという仏身論を展開させてきた。仏陀の身体を、色身と法身とに分けて考察したその最初の展開についてはすでに見てきた。

唯識思想は、この仏身論をさらに展開させた。大乗経典の主題の一つは、仏土に生まれて仏陀に出会い、その仏陀から教説を聞くことにある。その仏土において出会うことになる仏陀を、受《じゅ》用身《ゆうしん》（sāṃbhogika-kāya）の仏陀とみなした。これは、仏土において説法している仏陀を意味する。ここで「受用」（saṃbhoga）というのは、仏土と大乗の法を受用していること、享受していることを表している。

これによって、これまでの法身と色身の二仏身説が、自性身《じしょうしん》と受用身と変化身《へんげしん》との三仏身説へと展開して説かれることになった。自性身（svābhāvika-kāya）とは、仏陀の法身（dharma-kāya）であり、法性《ほっしょう》（dharmatā）を意味する。受用身とは、その法身にもとづいて、仏土に現れる仏陀の身体である。そして変化身（nairmāṇika-kāya）とは、法身にもとづいて、この世に現れた仏陀の身体である。それは、この世に誕生し、成仏し、法輪を転じ、大般涅槃を示現する仏陀であるとされる。

この三仏身説は、経や論によって表現がやや異なるが、法身、報身《ほうじん》、応身《おうじん》とも説かれることがある。これらはそれぞれ、唯識思想での自性身、受用身、変化身に対応している。ただし報身は、菩薩の誓願が成就することによって得られた結果（報）としての身体という意味である。

仏陀を仏陀として仰ぐとき、そこにはこのような三つの意味があることを表しているということができるであろう。また、仏陀を仏陀であると仰ぐとは、阿含経以来の仏教における信仰の中心問題であった。したがってこの三仏身説は、仏身論として展開した仏教の信仰を表しているということができるのである。

第三部　中国における仏教の受容と展開

第一章　中国仏教の基本的な特徴

はじめに

マウリヤ王朝の第三代のアショーカ王（紀元前二六八―二三二ごろ在位）が武力によらない法による政治を実践し、自ら仏教に帰依し、それが次第に周辺に拡大したことが、仏教が世界宗教へと展開していく大きな契機となったことは既に述べた。このようにしてさらにインド西北方のガンダーラからパミール高原を越え、タクラマカン砂漠を横断して、中国に仏教が伝えられたのである。

中国への仏教の伝播の時期は、中国とインドとを隔絶していた地理的条件のために、主として海路によった南方への伝播に比較すると少し遅れるが、紀元前二世紀末、中央アジア横断の東西交通路が開かれたころからはじまったと考えられる。すなわち、漢の西域経略の結果、西はローマ帝国から東は長安にいたる、いわゆるシルクロードが開かれ、東西交通による通商交易が拡大していき、それとともに西北インドからアフガニスタン地方に伝わっていた仏教が、シルクロードの隊商とともに、次第に中国に伝播することとなったのである。なお中国への仏教の伝播は、この陸路によるものが主であるが、海路によってなされたものもあった。

仏教が中国に本格的に伝播するのは、インドにおいて大乗仏教が隆盛になりだした二世紀に入ってからであった。中国に伝播した仏教は、その後、中国仏教として独自の展開を遂げていくのである。

インドとは異なる点

仏教は中国に伝わってから独自の発展を遂げた。南方に伝わった仏教がインドの仏教を直接的に伝承しているのと異なり、また同じ北方に伝わった仏教でも、中央アジアやチベットの仏教がその時代のインドの仏教をそのまま受容しようとしたこととも相違して、中国においては、仏教は最初から受け入れ方が異質であった。

中国には、諸子百家といわれるように、多様な思想、高い学術が古くから栄えていた。そのような固有の文化のなかに仏教が新たに伝来したのであるから、当然、さまざまな面で融合や反発を繰り返さざるをえなかった。そして儒教や道教と共存して、互いに影響しあうなかで、仏教の本質をより明確に表現する必要から、多くの点で独特の展開をすることとなったのである。

中国の仏教は、仏典の翻訳を基礎として発展した。仏教が伝来し定着するのには、多くの外来僧による直接の教化があったことはいうまでもないが、それにもまして、仏典の漢訳に負うところが大きかった。長い歳月をかけて、実に膨大な量にのぼる仏典が翻訳されており、人びとはそれらの漢訳の仏典にもとづいて思索や実践を重ねてきたのであった。ところが、サンスクリット語（梵語）や西域諸国の言語（胡語）は、漢語とは形態や発想法がまったく異なっていたことと、中華意識の高い民族性のためか、ひとたび漢訳されると、これを聖典として尊び、もとの梵文や胡文が顧みられることは皆無であったといってよかった。しかも、インドから遠く路を隔たっていたために、中国の仏教は、翻訳された時期やその巧拙などに大きく支配されることにならざるをえなかったのである。

インドでは、教義や思想の発展段階に応じて、それぞれの必然性のもとに仏典が成立したと考えられる。しかし、中国への仏典の流入は、必ずしも系統的ではなく、訳経僧たちの一方的な活躍に依存しなければならなかったので、インドでの発展の歴史にかかわりなく仏典が伝えられることとなり、教説の受容に混乱が生じることは避けられなかった。したがって、そうした混乱のなかで仏典の研究が進められ、解釈が深められていったことから、インドの仏教とは趣きを異にした展開をすることとなったのは当然の帰結であった。

中国の仏教は、このような諸条件のもとにありながら、求道心の篤《あつ》い多くの漢人僧の手によって育くまれてきた。こうして、一方では中国固有の教養をもとに、緻密《ちみつ》な、そして高遠な仏教思想が形成され、また一方では念仏や禅に発展するような、人間の現実を直視するきわめて主体的な信仰が醸成《じょうせい》されたのである。

時代的特徴

　中国の仏教の流れを大きくとらえるとき、これを四つの時期に分けることができる。

　その第一は、一世紀の後漢時代から、三国・西晋を経て、五世紀はじめの東晋および五胡十六国の時代にいたる約四〇〇年間である。外来僧による啓蒙や仏典の漢訳によって、仏教が中国の大地に移し植えられ、ようやく根をおろすにいたった時期である。

　第二は、五世紀から六世紀におよぶ南北朝時代の約二〇〇年間で、中国の南と北のそれぞれに栄えた文化のなかに、仏教が広く深く根を張り、豊かに繁った時期である。この時期には、中国人による本格的な仏教研究が進み、主体的な信仰が深められていった。

　第三は、六世紀末から十世紀はじめにかけての三〇〇年余りにわたる隋・唐の時代である。長い歳月を費して育ってきた仏教が、まさしく中国仏教として大きな華を開かせて、完成の域に達し、高度な教学・思想が咲き競った時期である。

　第四は、十世紀の北宋時代から、南宋・元・明・清を経て、現代にいたるまでの時代である。唐末は国土の混乱や廃仏によって中央の仏教は衰退したが、江南地方では禅宗を中心とした実践的な仏教が盛んとなり、宋代にいたって儒教や道教、その他各種の習俗と融合しながら新たな仏教が展開した。広く社会に普及していき、次第に広大な中国の大地に吸収されていった時期である。

第二章　仏教の受容

仏教が中国に伝わった時期については、諸説があって、確かなことは知ることができない。

仏教の伝来

前漢の武帝は、紀元前一三九年、軍事目的のために張騫《ちょうけん》を西域地方に遠征させ、それによって東西の交通路が開かれることとなった。そのため漢と西域諸国との交流が急速に進展して、物資の交易が盛んとなり、人びとの往来も活発になった。それを契機として、それまでにタクラマカン砂漠の周辺の国々に伝わっていた仏教が中国に知られるようになった。

前漢の哀帝《あいてい》の元寿元年（前二）、大月氏《だいげっし》（支）国から来た使節の伊存《いそん》が、漢の朝廷で経典を読誦したという記録があり（魏略西戎伝《ぎりゃくせいじゅうでん》）、西方の仏教は、そのような外交使節や、あるいは交易に従事した隊商によってもたらされたと考えられる。

後漢の明帝《めいてい》は、ある夜、金人が空から宮殿に飛来した夢をみたが、これはかねてから伝えられている西方の聖者が漢に来訪する前兆であると考え、使者を西域へ遣わした。使者の一行は大月氏国にいたって、迦葉摩騰《かしょうまとう》と竺法蘭《じくほうらん》という二人の僧に会い、漢への来朝を求め、永平十年（六七）、ともなって帰国した。明帝は洛陽に白馬寺を建ててこれを迎え、経典の漢訳を要請したといわれる。このとき翻訳されたのが『四十二章経《しじゅうにしょうきょう》』であると伝えられている。夢の話はともかくとして、二僧の来朝と訳経のことは白馬寺伝説として古くから語り継がれてきたが、歴史研究の進展によって、現在では史実とは認められていない。さらに、『四十二章経』も、最古の漢訳経典として、また仏教入門の経典として、中国でも日本でも広く親しまれてきたが、後世に中国で編纂《へんさん》された経典であるとするのが通説となっている。したがって、明帝にまつわる仏典の伝来については伝説の域を出るものではない。

しかし、明帝の異母弟にあたる楚王英《そおうえい》が、永平八年（六五）ごろ、外来の西域僧を招いて仏事供養を営んでいたと伝えられているので（後漢書）、このころすでに仏教信仰が漢人の一部に行われていたとみることはできるであろう。ただ、仏教とはいっても、それは古くからあった黄帝《こうてい》や老子に対する儀礼、長生不死の信仰や神仙方術と同質のものとして受け入れられており、仏陀と黄老《こうろう》とが並べ祀られるというものであった。

漢代は、儒教が国教の地位を占め、政治と民心の支えとなっていた。しかし、前漢末の政治の混乱によって、人心は動揺し、新しい思想、ことに儒教による人倫の秩序とは次元の異なった宗教に人びとの期待が集中した。こうした風潮のなかで神仙思想が流行し、これに類した期待が外来の仏教にも向けられた。こうして、西域から比丘たちがつぎつぎと来朝し、それぞれの出身地に行われていた信仰を伝えたとされている。

しかし、仏教が確かなすがたで伝わったのは、後漢末の桓帝《かんてい》のころ、西域僧による経典の漢訳がはじまる二世紀中ごろであると考えられる。

後漢の末ごろから、西域僧が相次いで来朝して仏典を伝訳したが、その最初が安世高《あんせいこう》であり、ついで支婁迦讖《しるかせん》であった。

安世高と支婁迦讖

安世高は、安息国《あんそく》（パルティア）の太子として生まれたが、出家して修道を志し、仏教の教義理論である阿毘曇《あびどん》（のちに阿毘達磨と音写）と、三昧《さんまい》実践を説く経典に精通したといわれている。後漢の建和《けんな》二年（一四八）ごろ洛陽に来て、『安般守意経《あんぱんしゅいきょう》』、『陰持入経《おんじにゅうきょう》』、『人本欲生経《にんぽんよくしょうきょう》』など三十余部の経典を漢訳した。これらはいずれも、その出身地に栄えた小乗系の阿毘曇や禅定に関する経典であり、阿含系統の経典であった。

ややおくれて、二世紀後半、大月氏《だいげっし》国出身の支婁迦讖が洛陽に来て、『道行般若経《どうぎょうはんにゃきょう》』、『首楞厳経《しゅりょうごんきょう》』、『般舟三昧経《はんじゅさんまいきょう》』などの大乗経典を漢訳した。『道行般若経』（小品《しょうぼん》系の般若経）は、「空の思想」を伝えた最初の経典であって、老荘の「無の思想」と関連しながら発展する中国の般若学の基盤となった。また『般舟三昧経』は、阿弥陀仏を観想することを説いた経典で、はじめて浄土思想が伝えられたことになり、中国におけるその展開に大きな影響をもつこととなった。支婁迦讖はまた、『無量寿経』の異訳である『無量清浄平等覚経』をも翻訳したと伝えられているが、この経の訳者としては疑問視されている。

このように、中国の仏教は、最も原初的な教説を伝える初期の経典と、これを大きく発展させた大乗経典とを、ともに等しく仏説として同時に受け入れることとなったので、両者の関係を解決する必要がはじめから課せられていたのである。

魏と呉の仏教

安世高と支婁迦讖に続いて、インド・西域から僧たちがつぎつぎと来朝して訳経に携わり、また漢人のなかにも仏典の漢訳に参加するものが出るようになって、仏教は次第に中国の思想界とのかかわりを深めていった。

三世紀になると、長い安定を誇った後漢の政治力も弱まり、群雄が並び起こって、いわゆる三国時代がはじまった。これを契機として、文化・思想・宗教などにも大きな変革が起こり、それに応じて、仏教もますます活況を示すようになった。

華北において、洛陽を都として建国した魏の国では、康居《こうきょ》（ソグディアナ）から来た康僧鎧《こうそうがい》が訳経に活躍した。浄土教の正依の経典として重んじられる『無量寿経』（大経）も、このとき康僧鎧が漢訳したと伝えられているが、その史実については古来議論が重ねられている。

同じころ、外来僧ばかりではなく、漢人僧の活躍がはじまり、朱子行《しゅしこう》が漢人としてはじめて授戒の作法によって出家し、最初の講経者となって、もっぱら『道行般若経』を講じたと伝えられている。しかし、しばしば意味の明らかでない個所に出会ったので、甘露《かんろ》五年（二六〇）、経の原典を求めて西域への旅に出た。于闐《うてん》（ホータン）にいたった朱子行は、ようやく『般若経』の原典を得て、これを使者に託して洛陽に送らせた。この経はのちに于闐から来た無羅叉《むらしゃ》によって西晋《せいしん》の元康《げんこう》元年（二九一）に『放光般若経』（大品《だいぼん》系の般若経）として漢訳されている。朱子行は故国に帰ることなく没したが、これが西域への求法《ぐほう》の先がけとなり、それ以後、中国から西域・インドへ法を求めて旅立つ者が相次いだ。なかでも、東晋《とうしん》の法顕《ほっけん》、唐の玄奘《げんじょう》などが有名である。

一方、江南《こうなん》の建業《けんぎょう》（建康《けんこう》）を都として勢力を張った呉では、漢末の争乱を南方に避けた人びとともに南下した仏教と、南海を経て北上した仏教とが融合した。そのころ仏典の翻訳に功績のあったのは支謙《しけん》である。

支謙は、祖父が大月氏国の出身であったので胡語と漢語に通じており、黄武《こうぶ》元年（二二二）から建興《けんこう》元年（二五二）にかけて、多くの経典を漢訳している。そのなかには、『維摩詰経《ゆいまきつきょう》』、

『大明度無極経《だいみょうどむごくきょう》』などのほか、『無量寿経』の異訳である『阿弥陀三耶三仏薩楼仏檀過度人道経《あみださんやさんぶつさるぶつだんかどにんどうきょう》』（大阿弥陀経）がある。『維摩詰経』は、出家教団の形式化した伝統を批判して、在家主義に立つ大乗経典であって、その本格的な研究は、のちに鳩摩羅什《くまらじゅう》がすぐれた訳文によって新たに翻訳した『維摩詰所説経《ゆいまきつしょせつきょう》』の出現を待たなければならなかったが、それまでの間、この支謙訳の経が知識人たちの大きな関心を集め、大乗の思想と老荘の思想との比較研究を促した。また『大明度無極経』は、支婁迦讖が訳した『道行般若経』の同本異訳であって、大乗仏教の教理の普及に大きな役割を果たした。このように般若系統の経典が重ねて翻訳されたことによって、仏教の主流が般若の思想であると知らされることとなった。また支謙は、『太子瑞応本起経《たいしずいおうほんぎきょう》』のような仏伝をも漢訳したが、これは、釈尊を深遠な教説を説いた西方の聖人《せいじん》として具体的に示すことになり、孔子や老子をしのぐ聖人として印象づけた。

こうして三国時代には、漢代に主として北方に伝わっていた仏教が、中国の南北にわたって流布することとなったのである。ただ、三国のうち、西方の四川を本拠とした蜀《しょく》の仏教事情については、これに関する記録がほとんどなく、なにも知ることができない。

西晋の仏教

魏を滅ぼし（二六五）、洛陽に都を置いて華北を支配したのが晋であった。晋は、さらに南の呉をも滅ぼして南北を統一したが（二八〇）、やがて北方民族の侵入によって、晋の一族は南に逃がれて建康《けんこう》に都を移した（三一六）。これを東晋《とうしん》というのに対して、建国してから南下するまでの約五十年の間を西晋《せいしん》とよんでいる。

すでに三国時代に起こっていた思想界の新しい動きは、西晋の時代にも受け継がれ、儒教による秩序を求めた漢代の思想とは大きく異なり、自由で解放的な思潮がますますみなぎって、とくに『易《えき》』、『老子《ろうし》』、『荘子《そうじ》』などが好んで研究された。それらは玄学《げんがく》とよばれている。玄学は「無」の思想を基調としたので、仏教の般若思想の「空」ということが同時に深い関心を集めることになった。知識人たちは、世事から離れて幽玄の世界に遊び、哲学的な思索を深め、自由な談論と独創的な行動を好んだ。それを清談《せいだん》というが、この風潮を代表したのが「竹林《ちくりん》の七賢《しちけん》」といわれた人びとであった。清談の流行にともなう超俗的な生き方は、なにものにもとらわれない自在な大乗思想を説く『維摩経《ゆいまきょう》』や、その主人公である維摩居士《ゆいまこじ》に親しみをもたせ、この経の普及を促進させた。

このようにして人びとは、老荘をはじめとする古典の素養の上に仏教を受容したのであるが、それは、それらの古典をとおして仏教の経典を研究し、相通ずるものとして解釈するものであった。このような仏教受容の態度を「格義《かくぎ》」といい、またそのようにして展開した仏教を格義仏教とよんでいる。格義は、仏教を中国の古典にもとづいて理解するという点で、仏教の本旨に合致するものとはいえない面もあるが、外来の思想を人びとの生活に即したすがたで自主的に受け止める方法を育てた点では、仏教の定着に大きく作用したといわなければならない。格義仏教は、次の東晋時代になると、江南の貴族的文化のなかでますます盛んとなり、香り高い仏教の文化を華開かせた。しかし、民衆のなかに仏教がどのように受け入れられていったかについては多くは知られていない。

竺法護

竺法護《じくほうご》は西晋時代を代表する訳経僧であった。しかも後漢以後に出た多くの訳経僧のなかでも、質と量とにおいて、とくにすぐれた功績をあげた人である。竺法護は敦煌《とんこう》に生まれたが、その祖先は大月氏《だいげっし》国の出身であったので、西域諸国の言語に精通しており、泰始《たいし》年間（二六五―二七四）から永嘉《えいか》二年（三〇八）にかけて、一五四部三〇九巻にのぼる経典を漢訳している。そのなかには、『光讃般若経《こうさんはんにゃきょう》』、『正法華経《しょうほけきょう》』など、その後の中国仏教の形成に大きな影響を与えた大乗経典が含まれている。

竺法護が訳出した『光讃般若経』は、かつて朱子行《しゅしこう》が原典を手に入れ、無羅叉《むらしゃ》が漢訳した『放光般若経』の同本異訳で、玄学が流行した西晋の思想界に大きく寄与するものであった。また『正法華経』は、『般若経』や『維摩経』のような「空」を説き明かす経典とは異なって、小乗と大乗の関係や大乗の釈尊観をはじめて中国に伝えたものである。これらの訳業によって、人びとの仏教への関心が高まり、竺法護は「敦煌菩薩《とんこうぼさつ》」と尊称されたと伝えられている。

五胡十六国の仏教

西晋が滅んで、その一族が江南に逃れて東晋を建てたのち、華北地方には胡族国家の盛衰が相次ぎ、そのなかの北魏が北方を統一（四三九）するまでの百余年の間に十六の国々が興亡したので、これを五胡十六国《ごこじゅうろっこく》時代といっている。これに対して南方では、宋が建国する（四二〇）までの約百年間が東晋時代である。このように漢民族が南へ移ったため、北方では中国の伝統文化は急速に衰退した。その一方で陸続きの西域からはしばしば外来僧が到着し、かれらが伝えた新しい思想によって、具体的で実践的な独自の仏教が栄えることになった。

仏図澄

華北を支配した胡族国家の一つである後趙《こうちょう》の王たちに尊崇され、教化の実績をあげたのが、西域僧の仏図澄《ぶっとちょう》であった。仏図澄は、罽賓《けいひん》（カシミール）の説一切有部系の仏教を伝えた。洛陽に来たときはすでに八十歳に近い高齢であったが、神通力にすぐれていたので、人びとは畏敬の念をもって迎えたといわれている。仏図澄は、民心の把握に力を発揮し、後趙の王である石勒《せきろく》や石虎《せっこ》が武力の行使に明け暮れていたのを改めさせて、仏教による政治を行わせた。また、漢人の出家を国王に認めさせ、八九三カ所にのぼる仏教寺院を建立して、習禅《しゅぜん》（禅定によ る修行）によって僧尼を化導《けどう》するなど、中国における仏教教団の事実上の発足に力を尽くした。

仏図澄の門下に道安《どうあん》（三一五―三八五）が出て、師の実践的な仏教を継承しながら、教理研究にも成果をあげて、中国仏教の基礎を確かなものとした。

道安

道安は、仏図澄に師事して持戒と習禅に励んでいたが、仏図澄の没後、後趙が衰微して華北一帯が戦乱に包まれたので、仏図澄の門弟たちをつれて各地を転々とし、ついに東晋の領内の襄陽《じょうよう》に逃れた。この間にも『般若経』をはじめ禅定に関する諸経を講じ、その門下には数百にのぼる僧徒が集まっていたと伝えられている。

やがて、動乱の華北を平定した前秦《ぜんしん》の苻堅《ふけん》は、道安の徳風を伝え聞いて彼を国師、すなわち、国王に学問を授け、顧問として国王の政治の精神的支えとなり、また民心が安定するよう指導する国家の師として迎えようとした。苻堅の要請に応じて長安に移った道安は、苻堅を教化するとともに、長安を中心とする華北に仏教の新しい発展をもたらした。

仏教が栄えるにしたがい、僧尼の数も増加したが、それにともなって生活軌範もゆるみがちとなったので、道安は戒律の重視を主張し、外来僧たちの協力を得て、不十分であった律典の整備に努めた。また、実践修行を重視した道安は、禅定に関する諸経の注釈を著してその実修を促した。当時は、老荘をはじめとする在来の思想に準拠して仏教の教義を解釈する「格義《かくぎ》」が流行していたのであるが、道安は、格義を退け、仏典は仏典そのものとして理解すべきことを主張し、みずからも『般若経』の研究にその態度を貫いて飛躍的な成果をあげた。『般若経』における「空」の解釈には多くの異説があったが、のちに中国の般若学が大成するに従って、道安の理解が当時としては最も正しいものであると高く評価されるようになった。

それまで、僧尼の姓は、師と仰ぐ外来僧の出身地や教学の伝統をあらわす「安《あん》」「支《し》」「竺《じく》」などを継いでいたが、これを改めたのも道安であった。道安は、仏教徒は系統に従うのではなく、すべて釈尊の教えを奉ずるものであるから、「釈《しゃく》」を姓とすべきであると唱え、みずからも釈道安と名のった。道安の晩年に伝来した『増一阿含経《ぞういつあごんきょう》』に「四姓も沙門となれば、みな釈氏と称す」と記されていたので、この道安の主張は人びとに受け入れられるようになった。姓の統一は、インドや西域諸国のさまざまな系統の伝承や思想を無秩序に受け入れていたのを、仏教の本源において一元化させるという意味をもつものであった。

道安はまた、仏典の充実を願い、外来僧による漢訳の事業を積極的に援助した。その漢訳に関与するなかで、翻訳に際して留意すべき規範を「五失本三不易《ごしっぽんさんふえき》」の説として発表している。すなわち道安は、三つの理由をあげて、基本的には経典の原形を易《か》えてはならない（三不易）とするが、しかし漢訳には漢語の特性があるから、五つの場合に限っては原形を失っても許容されるとした（五失本）。

さらに道安は、新たに漢訳された経典ばかりではなく、後漢以来、翻訳されてきた多くの経典に序文を書いて、翻訳の経緯やその経の主眼とする教えなどについて述べ、経の流通を促している。また、仏典として受け入れられていたものの全容を明らかにし、その真偽を判別して、『綜《そう》理衆経目録《りしゅきょうもくろく》』を編纂した。さらに、経典を解釈するのに、一経を序分《じょぶん》・正宗分《しょうじゅうぶん》・流通分《るづうぶん》の三つの部分に分ける方法を案出した。これは今日でも経典解釈において引き継がれている。

道安は、経典の不備をつねづね嘆いていたが、西域に鳩摩羅什《くまらじゅう》という高僧のいることを知って、かれを招請するよう強く苻堅にすすめた。鳩摩羅什といえば、中国仏教の発展の質と方向を決定したといっても過言ではないほど、仏典の漢訳に偉大な功績を残した人物である。鳩摩羅什が長安に来たのは、道安没後のことであったが、その招請の道を開いたのは道安であった。

また道安は、多くの人材を育成したが、なかでも慧遠《えおん》や僧叡《そうえい》（三五二―四三六）などが有名で、かれらは師の遺志を継いで鳩摩羅什を待ち受け、かれが伝えた大乗仏教の受容と定着に寄与したのであった。

北方の道安とほぼ同じころ、江南には支遁《しとん》（三一四―三六六）が活躍していた。支遁は支道林ともいい、『般若経』『維摩経』の研究を深めたが、老荘の学にも精通し、玄学・清談をよくして、東晋の名士たちとの交流をとおして貴族社会に仏教を広めた。華北の異民族の地に実践的な仏教を宣布した道安とは対照的である。道安が熱心な弥勒《みろく》信仰をもち、兜率《とそつ》往生を願っていたのに対して、支遁は、「阿弥陀仏像讃」を書いているように、早くもこの時期に浄土教に関心を寄せていたことが注目される。

慧　遠　慧遠《えおん》（三三四―四一六）は、道安の実践的な般若学を継承し、その信頼が最も篤い門弟であった。師の道安が襄陽を去って長安に赴いたとき、別れて廬山《ろざん》に入り（三七九）、八十三歳で没するまで山を出ることはなかった。鳩摩羅什が長安にいたると、ただちに書簡を送って大乗仏教の要義についての疑問を質《ただ》した。鳩摩羅什もまた書を送って懇切に応答したが、この往復書簡が『大乗大義章《だいじょうだいぎしょう》』として残されている。慧遠はまた道生《どうしょう》（三五五―四三四）や慧観《えかん》（生没年不詳）など、門下の逸材を鳩摩羅什のもとに遊学させ、鳩摩羅什が伝えた龍樹の般若学の吸収に力を尽くした。

慧遠は、やがて廬山の東林寺において白蓮社《びゃくれんしゃ》という念仏結社を創始し、道俗の同志百二十三人とともに阿弥陀仏像の前で観想の念仏に励んだ。その念仏は、後漢の支婁迦讖が漢訳した『般舟三昧経』にもとづいて浄土往生を願うもので、後世それは廬山流念仏といわれ、中国における最初の浄土教の信仰運動であった。

外来僧の活躍と、仏典の翻訳によって、仏教が中国の社会に受け入れられ、定着のきざしを見せはじめたころ中国にいたり、中国仏教の発展に大きく寄与したのが、

鳩摩羅什

鳩摩羅什《くまらじゅう》（三四四―四一三　または　三五〇―四〇九）であった。

鳩摩羅什（クマーラジーヴァ）は西域の亀茲《きじ》国に生まれた。父の鳩摩羅炎《くまらえん》は天竺（インド）の高官の家に生まれたが、出家したのち布教の旅に出て遠く亀茲国にいたり、国王の尊崇を受けて、国師とあがめられた。しかし、やがて王の妹を妻とすることとなり、その間に生まれたのが鳩摩羅什であった。幼くして母とともに出家し、ともなわれて罽賓《けいひん》（カシュミール）に遊学した。当時の罽賓は、仏教研究が盛んで、とくに説一切有部の阿毘達磨《あびだつま》が全盛をきわめていた。ここで鳩摩羅什は、組織的な教義学の英才教育を受け、十二歳のときには、すでに外道の論師たちを論破するほどの学識をそなえていたと伝えられている。

やがて、母と子は帰国の途についたが、その道中、疏勒《そろく》国（カシュガル）にしばらく滞在した。疏勒国も説一切有部系の阿毘達磨教学が栄えていたところで、鳩摩羅什はここでも学識が認められ、大いに尊敬されたが、たまたまその地に住む大乗の論師に出遇《であ》って眼を開かれ、決然として大乗に転向した。鳩摩羅什は故国に帰ってからも大乗仏教を深くきわめて、阿毘達磨仏教が優勢を誇っていた亀茲国の仏教界を大乗仏教によって指導した。

大乗の論師としての鳩摩羅什の名声は、やがて長安にも達した。当時、長安を支配していた前《ぜん》秦《しん》王の苻堅《ふけん》は、国師と仰ぐ道安が鳩摩羅什の招聘を熱心に願っていたことと、国策上の必要から、鳩摩羅什を迎えるために、将軍の呂光《りょこう》に大軍を与えて亀茲国に遠征させた（三八二）。亀茲国を攻略した呂光は、鳩摩羅什をともなって帰国の途についたが、長安では革命が起こって前秦が滅亡したので、途中の姑臧《こぞう》にとどまって後涼《こうりょう》国を建てた。そのため鳩摩羅什はここに抑留されることになった。しかし、長安ではやがて姚萇《ようちょう》が後秦《ごしん》国を建て、その子の姚興《ようこう》が後涼国を討伐したため、鳩摩羅什は長安に迎えられることとなった（四〇一）。このとき鳩摩羅什は五十二歳で、故国を離れてから十数年を経ていた。

後秦王の姚興は、鳩摩羅什を国師として迎え、壮大な翻訳場を設置して経論の翻訳を要請し、また各地から多数の人材を訳場に集めて指導を受けさせた。鳩摩羅什は期待に応えて、傑出した仏教理解と、すぐれた訳文とによって、多くの重要な経典や論書を漢訳し、中国仏教史上、特筆すべき功績を残した。中国の仏典翻訳史において鳩摩羅什は、後に出る陳代の真諦《しんだい》、唐代の玄奘・不空《ふくう》とともに四大訳経僧に数えられるのである。

鳩摩羅什は、『般若経』、『維摩経』、『法華経』、『阿弥陀経』など、主要な大乗経典を翻訳したほか、『中論』、『十二門論』、『百論』、『大智度論』、『十住毘婆沙論《じゅうじゅうびばしゃろん》』など、龍樹の中観系の論書をはじめて中国に紹介し、中国における仏教研究に明確な指針を与えた。なかでも『般若経』については、小品《しょうぼん》（八千頌般若経《はっせんじゅはんにゃきょう》）系と大品《だいぼん》（二万五千頌般若経《にまんごせんじゅはんにゃきょう》）系の両経をそれぞれに翻訳しており、後漢の支婁迦讖《しるかせん》、西晋の無羅叉《むらしゃ》、同じく西晋の竺法護《じくほうご》などによる翻訳では探り得なかった般若思想の深さと大きさを伝えた。また『維摩経』も、般若の空思想をはじめとする大乗仏教の諸思想を劇的な構想によって表現する経典として呉の支謙の漢訳以来親しまれていたが、鳩摩羅什の重訳《じゅうやく》によって、その空の思想が一層鮮明となり、中国における大乗般若学の形成に重大な影響を与えた。

また、『大智度論』を翻訳したことは、これがインドにおける代表的な大乗思想家である龍樹による本格的な『般若経』の注釈であったために、中国における『般若経』の解釈に決定的な影響をおよぼした。これによって、『般若経』と、『維摩経』・『法華経』などとの思想的な関連が明らかになり、もはや老荘の無の思想をもって仏教の空の思想を論議することが許されなくなった。また『法華経』も、すでに竺法護によって漢訳されていたが、鳩摩羅什の重訳によって改めて一乗の教えが明確となり、この経の研究がにわかに進展した。このことによって『法華経』が、その後の仏教研究の主流を占めるにいたったといっても過言ではない。

さらに龍樹の『中論』、『十二門論』、龍樹の弟子の聖提婆《しょうだいば》の著作である『百論』を翻訳したことは、これらが釈尊の教えを大乗仏教の立場において明らかにするものであり、小乗に堕した立場をきびしく論破したものであったから、大乗とはどのような思想であるのかということを中国に伝えることとなったのである。鳩摩羅什の漢訳直後、この三つの論書をもっぱら研究する三論《さんろん》学派《がくは》が形成されることになるが、これがのちに隋代の吉蔵《きちぞう》によって三論宗の教学として大成するのである。またこの三論に『大智度論』を加えた四論を研究する学派も生まれた。ちなみに曇鸞《どんらん》は、浄土教に帰する以前にはこの四論学派に属していたのであった。

また、鳩摩羅什が訳した『阿弥陀経』と龍樹の『十住毘婆沙論』が、中国における浄土教の発展を確定的なものとしたことは広く知られているとおりである。

こうして、長安における活躍は十年にも満たない期間であったが、鳩摩羅什は、訳経僧として三十五部二九四巻の経論を漢訳し、また思想家として多くの漢人学徒を指導し育成した。廬山《ろざん》の慧遠《えおん》との間に交わされた往復問答の記録である『大乗大義章』がその顕著な例である。道安の門下に育った慧遠は、南の廬山に教団を形成し、北の長安の鳩摩羅什を中心とした教団と互いに交流をもちながら、それぞれに特徴を示していた。前者は観想念仏を主とする実践仏教の中心地となり、後者は新来の大乗教学の中心地となったのである。同じく道安の遺弟である僧叡《そうえい》は、道安の遺志を継いで、長安における鳩摩羅什の翻訳事業に協力し、翻訳された経論に多くの序文を書き、その正しい受容をすすめている。慧遠と僧叡とはともに道安によって形成された仏教の伝統の後継者として、それぞれ南北の地で鳩摩羅什の活躍を支えたのである。

鳩摩羅什の門下には俊秀が輩出したが、なかでも僧肇《そうじょう》（三七四—四一四）が著名である。僧肇は若くして古訳の『維摩経』を読んで出家を決意し、鳩摩羅什がまだ長安に入る以前に、名声を伝え聞いてはるばる姑臧《こぞう》まで赴いて教えを乞い、その弟子となった。やがて師に従って長安に入り、翻訳に助力するとともに、鳩摩羅什の大乗思想を思想界に徹底させるいくつかの論文を著した。それらはのちに『肇論《じょうろん》』としてまとめられ、今日に伝わっている。また、道生《どうしょう》や慧観《えかん》も著名である。両者はともに、慧遠のすすめによって、鳩摩羅什の門下に加わり、訳場に列して指導を受けた。のちに江南に帰ってからは、鳩摩羅什が伝えた大乗思想を南地に定着させるのに大きな役割を果たすとともに、その中国的な展開の道をひらいた。

道生が著した『法華経疏《ほけきょうしょ》』は、鳩摩羅什が漢訳した『法華経』に対する現存最古の注釈である。また道生の『維摩経』の注解は、のちに鳩摩羅什および僧肇の注解とともに合わせて編集しなおされ、『注維摩詰経《ちゅうゆいまきつきょう》』として今日に伝えられている。道生の注釈は独創性に富み、単に鳩摩羅什の所説を祖述するにとどまらず、独自の鋭い洞察を表明したものとして注目されている。

鳩摩羅什が長安で活躍していた少し後、中央アジアに近い北涼《ほくりょう》では曇無讖《どんむしん》によって中期大乗経典の代表である『涅槃経《ねはんぎょう》』が訳出されていた。曇無讖は、中天竺の人で、はじめ小乗を学んだが、『涅槃経』にふれて大乗に転じた。のちに罽賓《けいひん》、亀茲《きじ》を経て北涼の姑臧にいたり、そこで『涅槃経』をはじめ、『金光明経《こんこうみょうきょう》』、『大集経《だいじっきょう》』などの諸経を翻訳した。最初は『涅槃経』の初分十巻を漢訳したが、二度にわたって于闐《うてん》国（ホータン）に赴いて残分を手に入れて漢訳し、四十巻の『涅槃経』とした。ところが、まだ後続する部分があることを聞きおよんだので、これを求めて出国したが、曇無讖を他国に奪われることを恐れた北涼王によって殺害されてしまった。その後まもなく北涼は北魏に滅ぼされたが、『涅槃経』は宋代には江南に伝えられて仏教理解を大きく進展させた。

東晋の仏教

北地で塞外《さいがい》民族（五胡）が長安を中心に攻防を繰り返していたころ、南に逃れて建国した漢民族の東晋では、貴族、士大夫《しだいふ》を中心とした文化が栄えていた。そのなかで仏教は、儒教や老荘思想によって豊かな教養をそなえた文人たちによって支持されていた。

しかし一方では、仏教の隆盛にともなって、儒教や道教からの批判が起こってきた時代でもあった。貴族の支援によって増加した寺院の運営は、やがて国家の経済問題ともなり、また、出家することが父母への孝養に背くことであるとか、僧たちは世俗を離れて王権に忠誠でないなどと批判されるにいたった。これに対して仏教側からは、慧遠《えおん》が「神不滅論《しんふめつろん》」や「沙門不敬王者論《しゃもんふきょうおうじゃろん》」

などを発表して、儒教の現実主義に対して三世因果応報を説き、世俗倫理を超えた出家修道の意義を強調して応酬した。このように出家者や在家信者から仏教擁護の論が盛んに出され、また儒・仏二教の調和を説く者も出るなど、儒教、仏教、道教の三教間の対論が活発になされた。

求法僧

北方で鳩摩羅什の招致がはかられていたころ、南方では求法《ぐほう》の念の篤い漢人僧たちが次々に西方に旅立って行った。漢人僧として求法の旅に出たのは三国時代の朱子行にはじまるが、東晋時代にも、聖跡を巡拝したり、経論を求めて旅立った道俗の名が多く記録されている。なかでも法顕《ほっけん》（三三九―四二〇）の求法の旅は有名である。法顕は出家したのち、つねづね戒律に関する聖典が不備であることを歎いていたが、ついに意を決して同志十数名とともに西に向かった（三九九）。艱難《かんなん》の旅を続けて、西域三十余国を過ぎ、北天竺を経て中天竺に達し、ここに三年間滞在した。ついで師子国《ししこく》（スリランカ）に渡ったが、このときすでに同行者をすべて失い、法顕一人となっていた。帰途は海路をとり、大風に妨げられながらもようやく青州《せいしゅう》（現在の山東省東部）に帰着した（四一二）。その旅行記は『法顕伝』（仏国記）として今日に伝えられ、唐の玄奘（六〇二―六六四）の『大唐西域記』、義浄（六三五―七一三）の『大唐西域求法高僧伝』・『南海寄帰内法伝』とともに、西域諸国やインドの地理・風俗・文化・仏教事情などを伝える記録として重要なものである。

玄奘が出国したのは二十八歳、義浄は三十七歳であったのに対し、法顕は六十歳をこえてから十数年にもおよぶ求法の旅をして、多くの経・律・論の三蔵を持ち帰り、折りしも建康に来ていた天竺僧の仏駄跋陀羅《ぶつだばつだら》とともに漢訳したのである。

仏駄跋陀羅

『般若経』の「空」の思想の研究が中心となっていた仏教界に、鳩摩羅什がより確かな訳文をもってこの経を重訳し、「空」の真髄を示したことと、「空」は現実のさまざまな物事と別ではないとする「諸法実相」の原理を示す『法華経』を翻訳したことによって、仏教研究は一躍活況をみせたのであったが、東晋にいたって、さらに新しい大乗経典が紹介された。それは、仏駄跋陀羅《ぶつだばつだら》（三五九―四二九）による『華厳経《けごんきょう》』の翻訳と、曇無讖《どんむしん》（三八五―四三三）訳『涅槃経《ねはんぎょう》』の伝来であった。

仏駄跋陀羅（覚賢）は、北天竺の人で、出家ののち禅に励み、また律に精通していた。罽賓《けいひん》に遊学して禅法をきわめたが、そこで、中国から来た求法僧の智厳《ちごん》に会って、その強い要請を受け、ともなわれて長安にきた。当時、長安には鳩摩羅什がいて訳経に専念していたが、両者は知遇を喜び、大いに法義を談論したといわれている。しかし、鳩摩羅什の門下で、僧尼を統制する僧官でもあった僧䂮《そうりゃく》などの誤解を受けて長安から追放された。このとき、廬山から長安に留学していた慧観《えかん》などが、仏駄跋陀羅をともなって廬山《ろざん》の慧遠《えおん》のもとに導いた。それは、慧遠が仏駄跋陀羅のような禅法の精通者を求めていたからである。仏駄跋陀羅は廬山で禅に関する経典を翻訳し、その実践的な仏道修行に確かなよりどころを与えた。しかし、廬山にも長くはとどまらず、東晋の都、建康に出た仏駄跋陀羅は、そこで法顕が持ち帰った『摩訶僧祇律《まかそうぎりつ》』や『泥洹経《ないおんぎょう》』などの翻訳に従事した。また于闐《うてん》国からもたらされた『華厳経』（六十巻）を翻訳している。『華厳経』は、仏陀の覚りの世界をえがき、また菩薩の修道の過程の内実を説く経で、中国においてはこれまでにない高次の教説として注目を集めた。この『華厳経』によって、唐代にいたって華厳宗が形成されることとなるのである。仏駄跋陀羅の訳した経を晋訳、または「六十華厳」といい、のちに唐代の実叉難陀《じっしゃなんだ》が再訳した『華厳経』は唐訳といい、八十巻からなるので「八十華厳」とよんでいる。

南本『涅槃経』の編纂

北方の辺境である姑臧において訳出された『涅槃経』は、数年後に南の建康に伝えられた。『涅槃経』には、如来とは、入滅した肉身の仏陀のことではなく、仏陀の永遠なる本質をいうのであるとして、「如来は常住である」という教えが説かれており、また仏と衆生は不二であるという「中」の思想が、「一切の衆生は悉く仏性である」と説かれており、仏教界の深い関心をよぶこととなった。

これよりさきに江南では、この経の前半部分の異訳である法顕の『泥洹経《ないおんぎょう》』（六巻）が訳されていた。そこには、「一切の衆生は悉く仏性である」と説かれているが、信心をもたず、正法を誹謗する一闡提《いっせんだい》の存在が示され、その一闡提はついに成仏することはないと考えられた。ところが、それをみた道生は、「一切衆生は悉く仏性である」という教説から洞察して、一闡提も成仏するのでなければならないとして、「闡提成仏論《せんだいじょうぶつろん》」を唱えたが、経文に従うべきであるとする人びとから妄説として指弾された。また、成仏は修道の延長上にあるのではなく、飛躍的な質の転換によるのであるとした道生は、「頓悟成仏論《とんごじょうぶつろん》」を唱えたことによって、悟りというものは段階的な向上をめざす漸悟《ぜんご》でなければならないとする当時の教界の大勢と激しく対立し、ついに教団から追放されるにいたった。しかし、それから十年余りを経て、曇無讖の四十巻の『涅槃経』が江南に伝わったのであるが、その最初の十巻分（泥洹経六巻に相当）には、一闡提の不成仏が説かれているけれども、それ以後の巻では、徐々に一闡提成仏の説に転換しており、不成仏と断定することはかえって妄執であると説かれていることが明らかになった。そのことを知った人びとは改めて道生の卓見に敬伏したという伝説がある。

また江南では、鳩摩羅什の門下にいた慧厳《えごん》や慧観が中心となり、文人の謝霊運《しゃれいうん》なども加わって、曇無讖の『涅槃経』と法顕・仏駄跋陀羅の『泥洹経』との共通部分を対校し、『泥洹経』によって細かく章立てを改め、また文体を美しく整えて、新たに三十六巻の『涅槃経』として再編した。これを南本の『涅槃経』とよび、もとの曇無讖の訳を北本（の『涅槃経』）とよんでいる。

第三章　仏教の定着

南北朝時代

五世紀に入ると、江南では東晋が衰え、これに代わって宋《そう》が建国し（四二〇）、その後、斉《せい》・梁《りょう》・陳《ちん》と王朝の興亡が続いた。これを南朝と呼んでいる。一方、河北では、胡族国家の一つである北魏《ほくぎ》が、五胡による諸国の乱立をおさめて北地を統一したが（四四〇）、六世紀に入ると東魏と西魏とに分裂し、やがて東魏は北斉《ほくせい》に滅ぼされ（五五〇）、西魏は北周《ほくしゅう》に滅ぼされた（五五七）。さらに、その北周は北斉をも倒して河北を統一した（五七七）。これらを北朝と呼んでいる。やがて、北周を倒して隋が興り、さらに、隋は南朝の陳をも滅ぼして（五八九）、南北を統一した。このような南朝の宋、北朝の北魏から、隋による南北統一までの百数十年の間を南北朝時代と呼んでいる。つまり、この時代の中国は、南の漢民族の王朝と、北の胡族の国家に分裂・対峙していたのである。

南と北とでは、気候や風土、また民族性などに大きな違いがあり、政治や文化の面でもいちじるしい相違があった。仏教も南北それぞれに栄え、いずれも中国の仏教として発展したが、南と北とでは互いに際立った特徴をもっていた。一口にいえば、南方ではそれ以前の長安を中心とした仏教の学解《がくげ》が発達し、北方では異民族による国家統治という現実的な課題を含んだ実践的な仏教が発展した。

南朝の仏教

南朝では、東晋時代に引き続いて、貴族文化のなかで仏教は重んじられていた。僧尼の数は急増し、寺院も多く建立され、学僧による仏典の講義が盛んにおこなわれ、教理の研究が飛躍的に進展した。とくに梁の武帝《ぶてい》のときには、政治が長く安定し、武帝もみずから深く仏教に帰依して、学僧たちと親しく交わり、国家をあげて仏教の興隆に努めた。こうした気運のなかで、多くのすぐれた学僧が輩出したが、とくに光宅寺《こうたくじ》の法雲《ほううん》、開善寺《かいぜんじ》の智蔵《ちぞう》、荘厳寺《しょうごんじ》の僧旻《そうびん》は、南朝の仏教研究を代表する学僧で、梁の三大法師と称されている。

また、南朝では多くの重要な著作が著された。僧祐（四四五―五一六）は、後漢以来の護教活動を伝える文献を集めた『弘明集《ぐみょうしゅう》』や、仏典の総合的な目録である『出三蔵記集《しゅつさんぞうきしゅう》』などを編集した。さらに慧皎《えこう》（四九七―五五四）は、後漢から梁代にわたる高僧の伝記を編集して『高僧伝』を著したが、これは唐代の『続高僧伝』など、その後の僧伝の基準となる業績であった。このほか『般若経』、『法華経』、『涅槃経』などの諸経の注釈も多く著されている。

このように隆盛となるにしたがい、仏教は文学や美術にも大きな影響をおよぼすようになった。仏像や仏画の製作も盛んとなり、仏教に親しんだ詩人たちの活躍も顕著であった。しかし一方では、中国の在来の思想との摩擦や融合も多くみられるようになってきた。それは、東晋時代から引き続いていた問題でもあったが、とくに儒教からの仏教への批判が強まり、次々と排仏の論が発表され、仏教からの反論も重ねられた。南朝では、こうした儒教との緊張と調和のなかで、仏教は中国独自のすがたをとりつつ定着していくのである。

教相判釈

すでに、鳩摩羅什《くまらじゅう》、仏駄跋陀羅《ぶつだばつだら》・曇無讖《どんむしん》などの翻訳によって、小乗経典・大乗経典の主だったものが紹介されていたが、南朝の宋代に入って、求那跋陀羅《ぐなばつだら》がインドから建康に来て（四三五）、『雑阿含経《ぞうあごんきょう》』、『勝鬘経《しょうまんぎょう》』、『楞伽経《りょうがきょう》』などの諸経を漢訳した。とくに『勝鬘経』、『楞伽経』の二経は、新たに如来蔵《にょらいぞう》思想などの中期大乗仏教の思想を中国の仏教界に伝え、仏性・如来蔵と初期大乗仏教の空思想の関係を考察するきっかけとなった。また、西域僧の畺良耶舎《きょうりょうやしゃ》は、『観無量寿経《かんむりょうじゅきょう》』を訳したといわれているが、この経の成立や翻訳については、多くの問題点が残されている。しかし、この経は広く重んじられ、中国における浄土教の発展に重要な影響をもつことになる。

このように種々の経典が出そろうと、それらの経説の間に大きな差異のあることが注意され、なかには互いに矛盾すると受け取られるような経説もあって、混乱が生ずるにいたった。もともとインドでは、地域的、歴史的な要因から種々の実情に応じて経典が成立していたが、中国への伝来は、それらの事情にかかわりなく、また成立の順序に従うこともなかったので、多様な経説をすべて仏陀釈尊の直説として受け入れることとなったからである。そこで、個々の経典の内容を理解するにとどまらず、仏教を全体的に把握し、そこから個々の経典を位置づける必要が生じてきた。そのような中国仏教における固有の課題を解決するために考え出されたのが「教相判《きょうそうはん》釈《じゃく》」である。

教相判釈とは、教えの相《すがた》を判別して解釈を施すというほどの意味で、略して「教判」ともいわれる。それは、経典をすべて釈尊の生涯において説かれた教えであるとして、その教えの順序次第はどうであったかを見きわめる努力であった。またそれは、説き方や内容が相違する種々の経典の教えを分類整理し、そこに一定の体系を見出して、その究極となる教えを見定めることでもあった。したがって教相判釈は、各経典の所説を比較して、仏教の核心を明らかにするという、きわめて主体的な経典解釈であった。

こうした努力は古くから払われていたと考えられるが、最初のまとまった教判学説として知られているのは、慧観《えかん》の二教五時の教判であった。慧観は、すでにみてきたように、鳩摩羅什による『般若経』、『維摩経』、『法華経』などの諸経の漢訳に関与し、『華厳経』を翻訳した仏駄跋陀羅と深いかかわりをもち、また南本の『涅槃経』の編纂にも参加した人であった。慧観は、『涅槃経』をよりどころとし、またその「聖行品《しょうぎょうぼん》」に説かれる「五味相生《ごみそうしょう》の喩《たとえ》」によって、二教五時の教判を立てたのである。

この教判説では、まず、仏教を大きく頓教《とんぎょう》と漸教《ぜんぎょう》の二教に分けている。頓教とは、段階を経ないで一挙に仏陀の正覚の世界を説き明かした教えで、仏陀の正覚において説かれたとされる『華厳経』がこれに当たるとする。これに対して漸教は、衆生の機根とその成熟の程度に応じて、浅いものから深いものへと段階的に説き進められた教えであるとし、その段階を第一時から第五時の五つに分けている。その第一時は三乗別教（阿含経）、第二時は三乗通教（般若経）、第三時は抑揚教《よくよう》（維摩経など）、第四時は同帰教《どうき》（法華経）、第五時は常住教《じょうじゅう》（涅槃経）であるとする。それは牛の乳が精製されて、順次に乳味《にゅうみ》・酪味《らくみ》・生酥味《しょうそみ》・熟酥味《じゅくそみ》・醍醐味《だいごみ》の五味となるように、仏陀から説き出された教えは、五つの段階を経て、最上の醍醐のような『涅槃経』にいたってきわまるとするのである。

のちに、この頓教・漸教のほかに、いずれにも属さない不定教《ふじょうきょう》（勝鬘経など）を加えて、三教五時の教判が立てられた。このように多くの教判説が発表されたが、それらはいずれも南朝において主流を占めた『涅槃経』の研究にもとづくものであった。しかしやがて、仏陀の出世の目的を説く『法華経』こそが究極の経であるとする教判が生まれ、それが、隋代に入って天台智顗《てんだいちぎ》の五時八教《ごじはっきょう》の教判となって完成するのである。

真諦

南朝では、宋代以降も外来の訳経僧たちによって仏典の漢訳が次々になされたが、なかでもとくに注目されるのは、梁から陳にかけて翻訳に従事した真諦《しんだい》（四九九—五六九）であった。真諦は、西天竺の出身で、大乗仏教の布教を志して扶南国《ふなん》（カンボジア）に来ていたのであるが、広く高僧の招請に力を注いでいた梁の武帝の求めに応じて、海路を経て都の建康に達した（五四八）。こうして仏典の漢訳に着手したのであるが、このときはすでに、長い治世を誇った武帝の晩年になっており、梁朝も弱体化して騒乱が起こったので、真諦は乱を避けて諸方を流浪しながら翻訳をすすめなければならなかった。このような状況のなかで、その志が十分に遂げられなかった真諦は、しばしば帰国の途につこうとしたが、それも果たせず、また自殺を企てて止められたこともあったと伝えられている。

真諦は、このような不遇のなかで七十一歳の生涯を閉じるのであるが、その間に、約八十部三〇〇巻の仏典を漢訳したと伝えられている。これらは主に、中期の主要な大乗経典と、瑜伽唯識《ゆがゆいしき》思想の論書であったが、その大半は早くに散逸し、現在は三十部ほどが残っているに過ぎない。

そのなかでとくに、無著《むじゃく》の『摂大乗論《しょうだいじょうろん》』と、その注釈である世親の『摂大乗論釈』の漢訳は、中国仏教にとって重要であった。『摂大乗論』は、唯識説にもとづいて仏教を体系づけたものであったから、この書の漢訳によって、本格的な唯識思想が伝えられたことになり、これを契機に、この論をもっぱら研究する学派（摂論宗《しょうろんしゅう》）も形成された。

また真諦は、世親の『倶舎論』を翻訳している。『倶舎論』は、世親が、経量部の立場から説一切有部の教義を批判するにあたって、有部の教理を集大成した『大毘婆沙論《だいびばしゃろん》』の内容をとりまとめたものであるが、これがかえって阿毘達磨の教学のすぐれた綱要書ともいうべき性格をもったため、唯識思想の基礎となった阿毘達磨の教義を組織的に中国の仏教界に提示することとなったのである。

このほかに『大乗起信論』を翻訳したと伝えられている。この論は今日にいたっても大乗仏教の入門書として尊重されているが、真諦の翻訳を疑う見解もある。

真諦は、こうして南朝の思想界に新たな息吹きを吹きこんだのであったが、時と処をえなかったためか、その業績は十分に受け入れられなかった。これは社会情勢がととのっていなかったことと、当時は鳩摩羅什が伝えた龍樹の中観派の思想が主流をなしており、唯識派の思想を学び取る態勢にはなかったためであると考えられる。百年ほどのち、唐代の玄奘が改めて『摂大乗論』

をはじめとする各種の唯識論書や『倶舎論』を漢訳したことによって、唯識学・倶舎学が栄えるのであるが、真諦の業績はその基礎となるにとどまった。しかし、のちには真諦の功績は高く評価されるようになり、四大訳経僧の一人に数えられている。

北朝の仏教

一方、北朝では、北方から南下した異民族の鮮卑《せんぴ》族が勢力を拡大して、五胡十六国時代の北方を統一（四三九）して、大同に都をおいた。これが北魏である。征服王朝であった北魏は、治国のための原理として仏教を国家宗教と定め、造寺造像を奨励し、都の整備計画のなかに仏教寺院の建立を組み入れるほどであった。また僧官の制度を設け、僧侶のなかから沙門統《しゃもんとう》を任命し、仏教保護の政策をすすめるとともに、仏教界の統制にあたらせた。したがって、北魏の仏教は、その当初から国家仏教としての性格をもち、そのような性格は、その後の北斉・北周にも受け継がれて、北朝仏教の基調となっていった。これは、政権と別の次元の権威をもっていた南朝仏教との大きな違いであった。また、南朝では仏教の教理研究が盛んであったのに対して、異民族の支配する北朝では、民心の安定を図ることが必要であったため、民衆の宗教感情を充足させることに重点が置かれ、呪術的、現実的な傾向の強い仏教となっていった。

やがて北魏は、第三代の太武帝《たいぶてい》のとき、南下政策をとって長安を攻略してさらに勢力を拡大したが、これは、それまで新興の都である大同を中心とした素朴で具体的な仏教が、鳩摩羅什以来の長安の仏教界をその圏内におさめたことを意味するものであった。また、新たに展開したインドの大乗仏教が西域を経由していち早く伝わり、もともと南朝のような般若学の伝統がなかった北朝では、それらを積極的に吸収して南朝とは質の異なる仏教思想が発達した。

廃仏

北魏において仏教が繁栄し、信仰の民衆化が進むにともなって、土着の信仰である道教との対立が次第に表面化するようになった。道教は、老子や荘子の思想を核として、神仙への信仰などのさまざまな要素を含む天師道（五斗米道）として後漢の末ごろから発達したものであった。その後、仏教や儒教の思想に影響されながら発展してきた天師道は、北魏時代に寇謙之《こうけんし》が出て、新天師道として組織づけられた。

太武帝は、はじめ祖父以来の仏教保護の政策を継承していたが、寇謙之に結びついた宰相の崔《さい》浩《こう》の画策によって、政策に大きな変化が生じ、仏教に代わって道教が国家宗教の地位を獲得するようになった。こうして次第に道教に傾斜していった太武帝は、護法運動に立ち上がった僧徒を処刑するなど、仏教を弾圧するようになった。そして、仏教教団が長い繁栄のなかで、綱紀もゆるみがちとなっていたことを口実として、ついに廃仏を断行するにいたった（四四六）。このとき、多くの僧尼が殺害されたり還俗《げんぞく》させられ、仏像や経巻はことごとく焼き払われた。しかし、やがて寇謙之が没するとともに、その野心的な言動が太武帝の怒りにふれた崔浩は一族とともに処刑され、太武帝自身もほどなく殺害されてしまった。これによって、七年におよんだ廃仏令は終息し、仏教復興の運動が起こることとなった。

中国の仏教の歴史において、とくに苛烈な仏教弾圧が四度行われており、これを「三武一宗《さんぶいっそう》の法難」とよんでいる。この太武帝の廃仏を最初として、北周の武帝の廃仏（五七四）、唐の武宗《ぶそう》（八四二）、後周の世宗《せいそう》が行ったものである（九五五）。

北周の武帝のときにも、仏教は道教と対立し、武帝は、道士の張賓《ちょうひん》と還俗僧の衛元嵩《えいげんすう》の策動によって仏教を弾圧している。武帝は儒教・仏教・道教の三教の優劣を論じさせた上で、廃仏に踏み切ろうとしたが、道士の張賓が仏教側との討論に破れたので、仏教と道教の双方を廃して、儒教を保護する政策をとった。武帝の目的は廃仏にあったので、仏教に対する弾圧はきびしく、寺院は没収され、仏像や経巻は焼却されて、僧尼は強制的に還俗させられた。この廃仏の令は、武帝が北斉を滅ぼしたので、その地にもおよぶこととなったが（五七七）、この廃仏も武帝の死とともに終わり、やがて仏教の復興が認められた（五七八）。しかし、その被害は甚大であり、大きな影響を中国仏教にのこしている。

このように北朝では、二度にわたってきびしい廃仏が断行されたのであるが、そのたびにかえって仏教復興運動が高まっている。法滅の危機を目のあたりにした人びとは末法到来の意識を強くもつようになり、精緻な教理研究よりも、現実的な仏教が展開した。そして、破壊された仏寺・仏像・経巻の復興に努めただけでなく、北魏の廃仏事件の直後には、雲崗《うんこう》や竜門《りゅうもん》をはじめとして、大規模な仏像彫刻や石窟《せっくつ》寺院が造営された。これは、復仏にあたって先代皇帝の供養を顕彰するためであった。

雲崗の石窟寺院は二十窟にもおよぶが、最初期の曇曜《どんよう》が造営した五窟はガンダーラやグプタの様式を取り入れながら、北魏に特有の力強さを表現した巨大な石仏が造営されている。また竜門の石窟寺院は、北魏が都を大同から洛陽に遷した（四九四）のにともない、その郊外に造られたもので、その事業は隋代を経て唐代にまで継続され、二十二窟にもおよんでいる。

また、北周の破仏以来、ますます末法意識が深まっていき、護法精神が高まって、経文を岩石に刻む事業が壮大な規模で行われた。房山《ぼうざん》や宝山《ほうざん》などの石経《せっきょう》がそれである。房山の石経は、数世紀にわたって事業が継承され、石室や石碑に経文が刻み続けられたのである。

菩提流支と勒那摩提

外来僧による仏典の翻訳は、北朝においても盛んに行われた。なかでも、菩提流支《ぼだいるし》と勒那摩提《ろくなまだい》の翻訳と教化は影響が大きかった。菩提流支は北天《きたてん》竺《じく》から、勒那摩提は中天竺《ちゅうてんじく》から、六世紀のはじめに相次いで北魏の都、洛陽に来た。

菩提流支は、『入楞伽経《にゅうりょうがきょう》』、『深密解脱経《じんみつげだつきょう》』、『十地経論《じゅうじきょうろん》』など、唯識系統の経や論のほか、『金剛般若経論』、『法華経論』、『無量寿経論』（浄土論）など、唯識仏教の大成者である世親の論書を多く翻訳した。このうち、『十地経論』の翻訳については、勒那摩提が加わったが、両者の思想的背景が異なったためか、意見の対立があって別々に訳することになったともいわれ、また、同じころ北天竺から来た仏陀扇多《ぶっだせんた》が協力して訳したとも、あるいは、三者別々に翻訳したものをのちに合わせて編集したともいわれている。この『十地経論』のほかに、勒那摩提は『宝性論《ほうしょうろん》』、『法華経論』（菩提流支訳とは別）などを翻訳し、仏陀扇多は『摂大乗論』を訳している。

北魏時代に翻訳されたこれらの仏典のなかで、訳出された直後から関心を集めたのは『十地経論』であった。『十地経論』は、『華厳経』のなかの一品《いっぽん》である「十地品《じゅうじほん》」が単独に『十地経』として流布していたのを、世親がその唯識思想の立場から注釈したものである。したがって、北朝には、この『十地経論』をとおして、世親の唯識説が伝えられたことになる。

北朝の仏教研究は、実践的な傾向を強くもっていたが、『十地経』は菩薩の修道の体系を説く経典であったため、この「十地品」を含む『華厳経』がとくに北朝の仏教界において重視されたのである。したがって、そのような傾向のなかで経典の研究が進められると、経説について思索を深めるというよりも、経に説かれている教えをいかにして実践するかということに関心が集中して、インドの論師たちの教説が重視されるようになった。

世親の『十地経論』は、瑜伽行という実践にもとづいた唯識説によって、菩薩の行を解釈したものとして考えられて強い関心がよせられ、多くの人びとによって研究された。この『十地経論』の研究に専念する人びとを後に地論宗《じろんしゅう》と呼び、この時代を代表する学派であった。

南朝においては、大乗思想を強調した龍樹の『中論』、『十二門論』、弟子の聖提婆の『百論』による三論の学が栄えたのであるが、北朝では、般若波羅蜜を実践の課題である菩薩行として強調する『大智度論』が重んじられ、これを三論に加えた四論の研究が行われるようになった。

また菩提流支の漢訳した『無量寿経論』は、正しくは『無量寿経優婆提舎願生偈』といい、また『浄土論』ともいわれる。この論は、世親が『無量寿経』にもとづいて、浄土の功徳を二十九種の荘厳として讃嘆し、五念門を説いて、西方浄土への願生をすすめたものであり、のちの浄土教の成立の基礎となったものである。

この時代における仏教研究の深化
――学派の形成

南北朝時代に仏教は、中国の在来の諸思想と影響し合いながら次第に中国的なものとして定着したのであるが、同時に、在来諸思想からの影響を離れた専門的な仏教研究も深められた。そのような専門的な研究の進展にともなって、成実宗《じょうじつしゅう》・三論宗・涅槃宗・地論宗・摂論宗・四分律宗《しぶんりつしゅう》などの学派が形成された。

それらは「宗」といわれているが、後の日本で考えられたような特定の宗派や教団を意味するものではなく、たとえば、もっぱら『成実論』を研究するものを成実宗といったように、それは経や論について研究する学派を意味した。本来、「宗」とは仏教の教説のうちで最も中心となる教えを意味したので、これを明らかにすると考えられた経や論を仏教全体の「宗」と見定めて研究し、また個々の経や論に説かれている中心的な課題をそれぞれの経や論の「宗」として探究したのである。こうした研究態度は、北方において特に顕著で、声聞・縁覚のための教え(声明蔵)と菩薩のための教え(菩薩蔵)は異なるものであるということを理解すると、それぞれの中をさらに浅い教えと深い教えに二分し、経典全体を四つの段階に分けて四宗とする思想などが生まれた。それ故、僧徒は特定の一宗に所属するというのではなく、その人が仏教の本質を究明するのに主としてどのような経や論をよりどころとしたかによって、その学派、すなわち「宗」が知られるのであり、複数の学派に組み入れられる場合も決してまれなことではなかった。「宗」が宗派を意味するようになるのは、隋代以後、祖師たちが教学体系を確立したことによって、その教義を中心とした集団が形成され、祖師の教義を伝承する流派ができてからのことであるが、それが特定の宗派と理解されるのは普及期に入った宋代以降のことである。ここではそうした事実を踏まえながら、この時代の仏教の様子を表すために「宗」を用いて説明することにする。

成実宗は、四世紀にインドの訶梨跋摩《かりばつま》が著した『成実論』を講究する学派であった。『成実論』

は、阿毘達磨の教義を大乗の思想によって解釈したものであるが、とくに、説一切有部では「人《にん》空法有《くうほうう》」（人無我法有――人間には実体としての我《が》はないが、現象的な存在を構成する諸要素は実在するという説）が説かれていたのに対して、「人法二空」（人法二無我――人間の我も一切の存在も空であるとする説）を主張している点に特徴がみられる。このため、『成実論』は大乗の論とみなされ、また、鳩摩羅什がこの論を漢訳したこともあって、教義組織の綱要を説くものとして注目されて、盛んに研究された。とくに南北朝時代の宋代から梁代にかけて多くの注釈書が著され、講述も盛んに行われて、成実宗は他の学派を凌ぐほどの盛況をみせた。梁の三大法師と称される法雲《ほううん》・智《ち》蔵《ぞう》・僧旻《そうびん》などはその権威であった。しかし、さらに研究が進み、隋代の智顗《ちぎ》や吉蔵《きちぞう》が、この論を小乗の論と判定してからは関心が失われて衰微していった。この成実宗の学説は早くから日本にも伝わり、いわゆる南都六宗の一つに数えられている。

三論宗は、龍樹とその弟子の聖提婆《しょうだいば》の著作である『中論』、『十二門論』、『百論』を講究する学派であった。鳩摩羅什がこれら三論を翻訳したことを契機に、その門下の僧叡《そうえい》・僧肇《そうじょう》・道生《どうしょう》などといったすぐれた人たちが『般若経』の空の思想とともに三論の研究と講説に取り組んだ。その後しばらくの間、この学派の実情は明らかでなくなるが、梁の僧朗《そうろう》にいたって新たに興隆した。僧朗にいたるまで存続していたと考えられる三論宗を「古三論」といい、僧朗以後を「新三論」

とよんで区別している。三論の研究は主として江南に栄え、華北では、三論に『大智度論』を加えた四論宗が盛行し、曇鸞もその学系に属したことが知られているが、その学派の思想や系統などを伝える資料に乏しく、詳細は明らかではない。

涅槃宗は、曇無讖《どんむしん》が漢訳した『涅槃経』によってできた学派である。北朝にも南朝にも、それぞれに特色のある涅槃学派が栄えたが、とくに南朝においては、慧厳《えごん》・慧観《えかん》・謝霊運《しゃれいうん》などによって南本の『涅槃経』が編纂されたこと、道生《どうしょう》が一闡提成仏《いっせんだいじょうぶつ》を主張したこと、また慧観が二教五時の教判を立て、さらにこれに類する教判説が概して『涅槃経』を主軸としていたことなどにより、『涅槃経』の研究が盛んとなって、涅槃宗は大いに発展した。しかし、北斉の慧思《えし》・隋代の智顗《ちぎ》の師弟が『法華経』によって仏教の体系づけを改めたことから、『法華経』の研究が主流を占めるようになって、涅槃宗は衰え、智顗が完成させた天台宗の教学のなかに吸収されていった。

地論宗は、『華厳経』の一部である『十地経』に対する世親の注釈である『十地経論』を主に講究した学派である。この論の翻訳に際して、訳者である菩提流支と勒那摩提との間に教義に関する見解の対立があったことから、この学派は二分された。菩提流支の系統を北道派、勒那摩提の系統を南道派といい、いずれも北魏から北周にかけて栄えた。なかでも、勒那摩提に師事した慧光《えこう》（四六八—五三七、四分律宗の祖でもある）や、その門下の法上《ほうじょう》、またその門下の慧遠（浄影寺《じょうようじ》）

による南道派が隆盛をきわめ、北朝の仏教学を代表する勢いがあった。南道派は、阿黎耶識《ありやしき》（のちに玄奘は阿頼耶識《あらやしき》と音写）を清浄な真識とみなして真識（＝真如）を諸法のよりどころであるとした。これに対して北道派は、阿黎耶識を妄識とみなして真如とは異なると考え、阿黎耶識を諸法のよりどころであるとした。北道派のこの説は、真諦《しんだい》が訳した『摂大乗論《しょうだいじょうろん》』による摂論宗が第九識として菴摩羅識《あまらしき》を立てるのと一致したことから、北道派はやがて摂論宗に吸収されたと考えられている。一方の南道派は長く勢力を保ったが、のちに唐代になって智儼《ちごん》が華厳宗《けごんしゅう》を開創すると、そのなかに吸収されていった。

摂論宗は、陳代の真諦が漢訳した無著の『摂大乗論』および世親の『摂大乗論釈』を研究する学派で、この学派の形成の端緒は南朝で開かれたが、そこでは発展せず、隋代の曇遷によって北方に伝えられて大いに栄えた。しかし、唐代に入って玄奘が新しく瑜伽唯識系の論書を伝訳したことによって法相宗《ほっそうしゅう》が興隆し、それによって摂論宗は衰滅した。

四分律宗は、五世紀の中ごろ仏陀耶舎《ぶっだやしゃ》が漢訳した『四分律』の研究を進めた学派である。中国には、小乗系の五つの部派が伝承してきた律が伝えられたが、鳩摩羅什と弗若多羅《ふつにゃたら》が共訳し、曇《どん》摩流支《まるし》と卑摩羅叉《びまらしゃ》が加筆して成った説一切有部の『十誦律《じゅうじゅりつ》』と、法蔵部が伝承した『四分律』が重んじられた。とくに、北魏時代に慧光が出て、『四分律』の注釈を作り講究を重ねたために、

『四分律』が主流となり、学派が成立するにいたった。

南朝と北朝とにおいて、それぞれ学派の盛衰が続いていたとき、一方では、実践的、主体的な求道の動きがあった。それが禅と浄土教である。

禅と浄土教

中国での禅法は、後漢時代の安世高《あんせいこう》が『安般守意経《あんぱんしゅいきょう》』などの小乗の禅経を翻訳したのにはじまり、道安に代表されるような初期の禅法実修者たちは、この系統の禅を学んでいる。これは出入息の数をかぞえて心を静めることをはじめとする具体的な精神統一法である。ついで鳩摩羅什が『坐禅三昧経』、『首楞厳三昧経《しゅりょうごんさんまいきょう》』などを翻訳し、仏駄跋陀羅《ぶっだばつだら》が『達摩多羅禅経《だるまたらぜんぎょう》』を訳出したことによって、大乗禅が普及することとなった。これは空観と一体である悟りそのものを求めることで、菩薩行の実践に他ならない。また、支婁迦讖《しるかせん》と竺法護《じくほうご》が重ねて漢訳した『般舟三昧経』のように、禅法によって阿弥陀仏を観想する教えを説く経も注目され、廬山《ろざん》の慧遠《えおん》などはその実修に励んだといわれているが、北魏の時代に入って、インドから来た仏陀禅師や勒那摩提が大乗禅を伝えて指導し、この系統の禅が河北に発展することとなった。しかしそのころ、インドから菩《ぼ》提達摩《だいだるま》（菩提達磨ともいう）が来て、これらとはまったく別の系統の禅を河北に伝えた。この系統が、その後の中国における禅宗の基礎となり、達摩は禅宗の初祖と仰がれている。

一方、浄土信仰も早くから盛んであったが、それには、弥勒浄土《みろくじょうど》の信仰と弥陀浄土《みだじょうど》の信仰とがあった。弥勒浄土の信仰は、『弥勒下生経《みろくげしょうきょう》』などの経典が伝えるところで、釈尊の次に仏陀となることが定められている弥勒菩薩に対する信仰であり、弥勒菩薩の住処である兜率浄土《とそつじょうど》への往生を願うものであった。この弥勒浄土の信仰は、とくに道安が熱心であったと伝えられているが、その後、教義的には発展しなかった。しかし、弥勒信仰そのものは根強く受け継がれ、その後の中国仏教にも、また日本の仏教のなかにも伝わっている。

また、西方の弥陀浄土を説く経典が多く翻訳されたことにともなって、廬山の慧遠の白蓮社《びゃくれんしゃ》をはじめとして、南方に念仏三昧の教えが広まり、観想の念仏が栄えた。これを廬山流の念仏といっている。しかし、中国の浄土教の主流となり、日本に大きな影響を与えたのは、北魏の曇鸞《どんらん》によるものであった。曇鸞の浄土教は、このころから徐々に深まりつつあった末法の自覚とともに発展し、隋代の道綽《どうしゃく》を経て、唐代の善導にいたって称名念仏として大成することとなるのである。

曇　鸞

曇鸞（四七六—五四二）は、北魏の孝文帝《こうぶんてい》のとき、山西省の雁門《がんもん》に生まれた。雁門は聖地五台山にほど近く、日ごろから五台山を遥拝したことが曇鸞の道心を育てたといわれる。菩提流支が漢訳した世親の『無量寿経論』（無量寿経優婆提舎願生偈《むりょうじゅきょううばだいしゃがんしょうげ》）に注釈を加えて（『浄土論註』と通称）、『無量寿経』を基盤とする浄土教の基礎を確立した。この『浄土論註』が、曇鸞のもうひとつの著作である『讃阿弥陀仏偈』とともに、親鸞の浄土真宗の基礎となったのである。

曇鸞はもと四論の学を修めたが、たまたま『大集経』の研究にとりかかったとき、病にかかって中断せざるを得なかったので、研究のためにはまず長寿であることが必要であるとして、道士の陶弘景《とうこうけい》を南朝の梁に訪ねて長生不死の仙術を学んだ。しかし帰途、洛陽に来ていた菩提流支に出遇い、真の長生不死とは仏教に説く無量寿であることを教えられた。みずからの誤りに気づいた曇鸞は、仙経を焼き捨てて、浄土の教えに帰依したのである。

このようにして浄土教に帰した曇鸞は、晩年、願生の念仏に励み、『浄土論註』などを著したのである。その『浄土論註』は、龍樹の『十住毘婆沙論』の難行道と易行道の説によりつつ、世親の『無量寿経論』を注釈したものである。曇鸞は、仏の教えを自力と他力とに分け、この五濁《ごじょく》の世では、自力ではなく他力によるべきであるとし、阿弥陀仏の本願力によることが、浄土へ往生する唯一の道であると説いている。

インドの大乗仏教は、龍樹と世親とによって代表されるのであるが、曇鸞は、龍樹の説によりつつ、世親の『浄土論』を解釈し、この両者を浄土教の師と仰いだのである。このことは、鳩摩羅什を介して伝えられた龍樹の中観思想と、菩提流支によってもたらされた世親の唯識思想とが曇鸞によって統合され、それが、中国における浄土教の基盤となったことを意味しているのである。

末法思想

仏陀の教えは、仏滅後、時代が隔たるに従って世に正しくおこなわれなくなり、やがて仏法は滅尽すると信じられてきた。このような危機意識は、古くからインド仏教のなかにあった。この点は諸種の経典に、五濁の悪世の到来を告げるとともに、時代を正法《しょうぼう》・像法《ぞうぼう》の二時、あるいは末法《まっぽう》のみを説くものなどがあることによって知られるが、はじめから正法・像法・末法の三時に分けて、組織的に説かれていたわけではなかった。このような時代観は経典の翻訳にともなって中国に紹介されたが、南北朝時代の末から隋代にかけて、末法ということが強く自覚されるようになり、末法を基盤とする仏教理解が生まれた。これがいわゆる末法思想である。

その正像末の三時の年数については、経典によって一定ではないが、中国では、正法五百年、像法一千年、末法一万年とする説が多く用いられるようになった。

この三時は、

(1) 正　法　(教と行がそなわり、その正しい証《さとり》がある時代)
(2) 像　法　(教と行とはあるが、証の得られない時代)
(3) 末　法　(教のみで、行も証もともなわない五濁悪世の時代)

である。

また五濁とは、末法における悪世のありさまの特徴を、

(1) 劫《こう》濁《じょく》（時代そのものが汚れることで、飢え・病気・天災・戦争などの社会悪が盛んに現れること）
(2) 見《けん》濁《じょく》（さまざまな邪悪な思想や考え方がはびこること）
(3) 煩悩濁《ぼんのうじょく》（貪・瞋・癡の三毒をはじめとする煩悩が満ちあふれること）
(4) 衆生濁《しゅじょうじょく》（心身ともに人間の資質が低下すること）
(5) 命濁《みょうじょく》（人間の寿命が短くなり、それとともに悪世の現象が生じること）

の五つに分けて説いたものである。

南北朝時代に末法の自覚が高まったのは、たびたびの廃仏によって仏教徒が凄惨な迫害を被ったこと、仏教界にも目に余る退廃があったこと、そして末法の世の到来の危機を強調する経典が伝訳されたことなどによると考えられる。中国で最も早く末法の自覚を促したのは、北斉の南岳《なんがく》慧思《えし》（五一五―五七七）であった。慧思は、『立誓願文《りゅうせいがんもん》』を著し、悪比丘の横行する悪世において、これら悪比丘および一切衆生を済度するには、『法華経』によって強固な菩提心をたもつべきことを強調した。

末世になると正しい教えが衰滅するということは、『法華経』や『涅槃経』などの諸経の警告

するところであったが、末法思想が盛んとなったのは、北斉の時代に那連提耶舎《なれんだいやしゃ》が『大集経月蔵分《だいじっきょうがつぞうぶん》』（大集月蔵経《だいじつ》ともいう）を漢訳したことによってであった（五六六）。この経は、末法における正法滅尽のありさまを説き、正法の護持を強く勧めたものである。

このようにして、末法意識が高まるにともない、石窟寺院や石刻経などのような護法の努力が払われるようになり、また一方では、末法の世にふさわしい仏教が提唱されるようになった。その一つは北斉の信行《しんぎょう》の三階教《さんがいきょう》であり、他の一つは道綽《どうしゃく》の浄土教であった。両者はともに、末法の世の愚悪な凡夫に相応した平易な教えを説いている。

このような末法思想は日本仏教にも受け継がれ、平安時代のなかごろから次第にそれが強く自覚されるようになった。また、正・像・末の三時は仏の入滅を基準とすることから、末法の自覚は仏陀観にも影響をおよぼし、仏舎利を生身の釈迦と考える信仰を生み出したほか、源信・法然の浄土教の背景となり、親鸞の思想にも色濃く反映している。また、日蓮の『法華経』信仰にも強く影響したのである。

第四章　隋・唐の仏教

南北朝時代の仏教は、西方から伝来した経や論の所説を消化吸収して、これを体系的に把握することが中心の課題であった。その結果、学派が形成され、教学の組織化がなされたのであった。次の隋代に入ると、仏教は新しい段階を迎えた。六世紀の末、隋が南北を統一し、政治が安定したのにともない、南朝に発達した学解の仏教と、北朝に栄えた実践的な仏教が融合し、新しい展開をすることとなったのである。

中国仏教の完成

隋代においても、またこれに続く唐代においても、歴代の諸帝は、仏教を厚く保護したので、仏教界はこれまでに例を見ないほど繁栄し、中国仏教の黄金時代を現出した。それは仏像や寺塔の造営が盛んになされたり、僧尼の数が急増したことを指すのではない。この時期に、外来の宗教である仏教が、中国の思想・文化のなかに完全に溶け込んで、そこから独創的な発展が起こり、真に中国の仏教といいうる様相を示すようになったことを指すのである。そのことを端的に示しているのが、祖師の教義を伝承する諸宗の形成とその発展である。

隋代には、天台宗と三論宗とが成立して教義体系を確立し、また道綽の浄土教と信行の三階教とが宗派としての勢力をもつようになった。また唐代になると、隋代に成立した諸宗がさらに発展するとともに、新たに、律宗・法相宗・禅宗・華厳宗・密教などの諸宗が成立した。

ただし、この時代の中国の仏教を〇〇宗と呼んで理解することについては若干の注意が必要である。例えばここで用いる華厳宗などの呼称は、中国の仏教者がはじめから用いたものではない。後の時代、特に日本において中国の仏教を輸入するに当たって、人物や書物の系統を正しく整理し理解する必要があり、その過程で用いられるようになったものである。それ故、例えば華厳宗の法蔵が、自分は華厳宗という宗派に所属すると考えていたといった意味ではない。この点を踏まえた上で、完成期の中国仏教の内容を理解するには有効なので、以下各宗の区別に従って述べていくことにする。

これら隋・唐の諸宗のうち、三論・法相・密教の諸宗は、どちらかといえば、インドの仏教を忠実に継承したものということができるのに対して、天台・三階・浄土・律・禅・華厳の諸宗は、インド仏教の伝統を吸収しながらも、中国的な自覚と思惟のなかで、これに新たな生命を与え、独創性に満ちた仏教思想として開花させたものであった。

隋代には三人の高僧が出た。浄影寺慧遠《じょうようじえおん》（五二三―五九二）、天台大師智顗《てんだいだいしちぎ》（五三八―五九七）、嘉祥大師吉蔵《かじょうだいしきちぞう》（五四九―六二三）である。これを隋の三大法師とよんでいる。

慧遠は、地論宗の南道派の学系を受け継ぎ、浄影寺に住して、『涅槃経』や『十地経論』などを講説し、また『無量寿経』、『観無量寿経』などの諸経典に対する注釈を著した。慧遠はまた『大乗義章』を著したが、これは、南北朝時代の仏教学の成果を集大成したもので、教理史の上で大きな業績とされるものである。慧遠は、諸宗の宗義が競うように開花する前の、学派としての仏教研究の最後を飾る学匠と評されるが、この慧遠の学風を乗り越えるようにして、智顗の天台宗と吉蔵の三論宗とが興隆するのである。

天台宗　天台宗の事実上の開祖と仰がれている智顗は、江南の梁・陳の仏教界に育ち、のちに、北斉の慧文《えもん》（六世紀中ごろ）・慧思《えし》（五一五―五七七）と相承されてきた実践的な法華学を学んだ。慧思の指導のもとに法華三昧を証得し、ついで九年間、天台山にこもって、教（教義）と観（実践）とを双修する天台の教義を確立した。また『法華経』によって仏教の真髄を説き、実践行法である止観を講じた。これらの講義は、門下の灌頂《かんじょう》（五六一―六三二）が筆録して世に残したが、その代表的なものは天台三大部とよばれ、『法華経』を解釈した『法華文句《ほっけもんぐ》』、天台の教義の組織を示した『法華玄義《ほっけげんぎ》』、実践の体系を説いた『摩訶止観《まかしかん》』である。

智顗は、『涅槃経』を尊重する南朝仏教の傾向から飛躍して、『法華経』を軸とした仏教思想を明らかにした。しかも、南朝における『法華経』研究の権威であった法雲（四六七―五二九）の思想を継承するのではなく、修禅者、また法華行者として活躍した北朝の慧文・慧思の法華学を受け継いだのであった。それは『大智度論』および『中論』を重視する法華学であった。智顗はまた、仏教の教説を体系づけるのに、南北朝時代に発達した各種の教相判釈の説を批判的に総合して、有名な五時八教《ごじはっきょう》の教判をたてた。これは、すべての経典を総合的に理解するためには、説教の次第（五時）と内容の違い（化法四教《けほうしきょう》）、さらに説教の形式（化儀四教《けぎしきょう》）の三つの視点が必要であるとする画期的な思想である。この天台の教判では、『法華経』こそが釈尊の出世の本懐を説き明かした最高の経と考えられたのである。

天台宗は、唐代に入って一時衰退したが、唐の中ごろ、湛然《たんねん》（七一一―七八二）によって再興されたが唐末の混乱によって一旦その伝統が断絶した。その後、宋代に復興された。しかし宋代の天台宗は、諸法実相の理解をめぐって山家派《さんげは》と山外派《さんがいは》とに分かれて、活発な宗義論争を展開した。

天台宗の典籍は、奈良時代の中頃に、鑑真《がんじん》（六八八―七六三）によって日本に伝えられた。また日本の伝教大師最澄《でんぎょうだいしさいちょう》（七六七―八二二）は、入唐《にっとう》して湛然の門下の道邃《どうずい》・行満《ぎょうまん》から天台の宗義を授けられ、平安時代のはじめ、比叡山に日本の天台宗を開いた。そしてこれが、鎌倉時代の浄土教・禅宗・日蓮宗など新仏教興起の母胎となったのである。

僧朗《そうろう》によって新たに興隆した三論の学系（新三論）は、その後、僧詮《そうせん》・法朗《ほうろう》と次第して、隋の吉蔵《きちぞう》にいたって三論宗として大成した。

三論宗

吉蔵は、安息国《あんそくこく》（パルティア）の人を父として、金陵《きんりょう》（南京）に生まれた。父にともなわれて真《しん》諦三蔵《だいさんぞう》に会い、吉蔵の名を授けられたといわれている。法朗のもとで出家して、三論の学を修め、陳末の戦乱を避けて会稽《かいけい》の嘉祥寺《かじょうじ》に入り、ここで三論の教義を講説して大いに尊崇され、嘉祥大師と称された。のちに長安に移り、鋭い論理によって、一切の邪執や分別を否定し尽くしてなにものにもとらわれるべきでないとする「破邪顕正《はじゃけんしょう》」、『中論』の「八不《はっぷ》」（不生不滅・不常不断・不一不異・不去不来）によって、あらゆる迷妄を破って中道を顕《あらわ》す「八不中道」などの教義を講じて、大乗仏教の真髄を宣説し、長安の仏教界を圧倒した。

吉蔵の著作はきわめて多く、三論に対する注釈をはじめ、『華厳経』、『般若経』、『法華経』、『無量寿経』、『涅槃経』などの注釈も著した。なかでも、三論宗の要義を述べた『三論玄義』は大乗仏教の入門書として広く親しまれてきた。

三論宗は、吉蔵の没後もしばらく長安を中心に栄えたが、唐代には天台宗の勢力に押され、また、インドから玄奘が新たに伝えた瑜伽唯識の思想の影響によって衰えた。しかし、日本へは、吉蔵の弟子で高麗僧の慧灌《えかん》によって伝えられ、南都仏教の重要な一宗となった。

三階教

三階教《さんがいきょう》は、普法宗《ふほうしゅう》ともいわれるが、この新しい信仰を創唱したのは、北斉の信行《しんぎょう》（五四〇―五九四）であった。

信行は、末法の時代においては、従来の教義はすべて無効であって、時機に応じた教法が開示されなければならないと主張し、その立場から、仏教を三段階に分け、第一階を一乗の教え、第二階を三乗の教え、第三階を普法の教えとする三階教を創唱した。またこれに、正法・像法・末法の三時説を加え、さらに、時と処と人という三つの観点を加えて、時機と教法との適否を見定める教えを説いた。そして、正法・像法のときならば、三乗や一乗のような特定の立場に立つ別《べつ》法《ぽう》によって利益を得ることができるが、ときは末法の世、処は五濁《ごじょく》の穢土《えど》、人は愚悪の凡夫であるから、すべての点で第三の段階に属するので普法によらねばならないと主張した。それは、特定の経典により、特定の仏をあがめ、特定の教法に従うのではなく、教法に差別を認めない普法、仏を選ばない普仏、一切の善行に取捨を加えない普行の教えこそが、時機に適った教えであるとする思想である。そのために、信行とその同調者たちは、僧としての基本的な資格を意味する具《ぐ》足戒《そくかい》をたもつことを偏執として捨て去り、民衆のなかに入って厳格な規律のもとに労働と社会福祉に従事することを仏道修行とみなした。

この三階教は、当時の社会不安と相まって急速に広まり、信行の没後も民間に熱心な信者が続出して、隋から唐にかけて長らく大きな勢力を振るった。しかし、徹底した末法思想に立って緊迫した時代認識を強調し、他のすべての仏教教義を不適切な説として非難したので、秩序を乱す危険思想とされ、また、仏教界を混乱させる異端の思想として、しばしば弾圧を受けた。そのため次第に勢力を失い、唐代の末には衰滅していった。

浄土教

中国の浄土教は、大きく三つの流れに分けることができる。すなわち、東晋の慧遠《えおん》の白蓮社《びゃくれんしゃ》による廬山流《ろざんりゅう》と、曇鸞・道綽・善導と次第して伝えられた善導流と、インドで浄土の教えを受けて帰朝して、諸宗融合の念仏を説いた慈愍三蔵慧日《じみんさんぞうえにち》（六八〇—七四八）の慈愍流とである。

このうち善導流の浄土教は、善導の弟子の懐感《えかん》が『釈浄土群疑論《しゃくじょうどぐんぎろん》』を著すなどして大いに広められた。また、のちに法照《ほっしょう》（—八二二）が『五会法事讃《ごえほうじさん》』を著し、音楽をとりいれた五会念仏によって民衆の教化を勧めて善導流の浄土教を広めた。法照はこのため善導の生まれ変わりとされ、後善導《ごぜんどう》とよばれるようになった。この五会念仏は、入唐僧円仁《にっとうそうえんにん》（七九四—八六四）によって比叡山にもたらされ、いわゆる山の念仏として定着し、そこから法然（一一三三—一二一二）の浄土宗、親鸞（一一七三―一二六二）の浄土真宗、一遍（一二三九―一二八九）の時宗が生まれ、新たな発展を遂げていくことになる。

しかし、唐代の末ごろには社会的な混乱にともなって、北地に栄えた善導流の浄土教は衰退し江南に基盤をもっていた廬山流が復興し、また、禅と融合した慈愍流が念仏禅として宋代を中心に長く栄えた。

道綽

道綽（五六二―六四五）は、『涅槃経』の研究によって一家をなしていたが、たまたま曇鸞の遺跡である玄中寺で、曇鸞の徳を讃える碑文を見て、翻然と浄土の教えに帰依することとなった。それは道綽の四十八歳のとき、曇鸞が没して六十余年後のことであった。道綽は『観無量寿経』にもとづき、また龍樹・曇鸞の説をよりどころとして『安楽集』を著し、自力難行の教えを聖道門、他力易行の浄土往生の教えを浄土門とし、浄土門こそが末法の世の衆生にふさわしい唯一の教えであると説いた。この『安楽集』は、曇鸞の浄土教を再興し、末法の世における浄土教の独立を宣言した書であった。また、その実践行として、阿弥陀仏の名を称える専修念仏《せんじゅねんぶつ》を勧めている。みずから念仏すること日に七万遍におよび、また民衆を教化するにあたって、念珠を作り称名念仏の数を数えることを勧めたといわれている。

こうして北方の一地方に起こった道綽の念仏の教えは、その門下の善導によって大きくまた広く発展することとなる。また、善導とほぼ同時代に活躍した迦才《かさい》も、道綽の『安楽集』の影響を受けて『浄土論』を著し、末法の自覚を深めて、阿弥陀仏への信心を訴えている。

善導

善導（六一三—六八一）は、若くして出家し、『維摩経』、『法華経』などを学んでいたが、道綽に出遇って『観無量寿経』の講説を聴き、念仏往生の教えに帰した。みずから怠ることなくきびしい念仏の生活を送り、道綽の没後は、長安の光明寺《こうみょうじ》を中心に浄土の教えを説いて、広く教化につとめた。その感化は人びとに大きな影響を与え、その教えを受けたもののなかには、自己の罪障に目覚めて、穢土を厭《いと》い、浄土を求めることを急ぐあまりに、高嶺から身を投ずるもの、深泉に身を沈めるもの、身を焼いて捨身するものさえあったと伝えられている。もとより善導の浄土教は、そのような行為を許容するものではなかったが、その信仰がきわめて情熱的なものであったことをこの逸話は伝えている。

善導の著作には『観無量寿仏経疏《かんむりょうじゅぶつきょうしょ》』四巻、『法事讃《ほうじさん》』二巻、『観念法門《かんねんぼうもん》』一巻、『往生礼讃《おうじょうらいさん》』一巻、『般舟讃《はんじゅさん》』一巻の五部九巻がある。このうち『観無量寿仏経疏』は『観経疏《かんぎょうしょ》』といい、「玄義分」、「序分義」、「定善義」、「散善義」の四巻からなるので、『四帖疏《しじょうしょ》』ともよばれている。この『観経疏』は、善導自身が「古今楷定《ここんかいじょう》」とよんでいるように、古今の諸師の説に批判を加え、善導の浄土教を確定したものである。

『観無量寿経』の研究は、隋・唐を通じて仏教界において広く行われ、慧遠《えおん》（浄影寺）・智顗《ちぎ》・吉蔵《きちぞう》などの注釈書が重んじられていたが、善導は、これら諸師の解釈を根底から覆したのである。諸師の理解によれば、『観無量寿経』は、行者が能力の違いによって阿弥陀仏を観察する段階を順次説いたものとされていた。善導は、これを退け、この経は、阿弥陀仏が衆生の能力の違いを観察して、凡夫に称名念仏を教えるものであるから『観経』と称すべきであるとした。そして、みずからを罪悪深重の凡夫であると深く自覚するように促し、しかも、この凡夫が必ず浄土に往生できるとするのが『観経』の本旨であると主張したのである。善導は、末法の世における愚悪の凡夫という自覚を道綽から継承しながら、その自覚を、時代の問題からさらにすすめて、人間存在そのものの問題として深め、このような人間観の徹底によって、曇鸞・道綽の浄土教を大成させたのである。曇鸞は仏の教えを自力と他力とに分け、道綽は聖道門と浄土門とに分けたが、善導はそれをさらに雑行《ぞうぎょう》と正行《しょうぎょう》とに分けている。そして正行として、読誦・観察・礼拝・称名・讃嘆供養の五種を説き、さらに、このうちの称名を正業《しょうごう》、他の四種を助業《じょごう》としたのである。

律宗

律は、もともとすべての出家者が守るべき日常生活の規範であるから、これによって特定の宗派が形成されるのは不自然といわなければならない。しかし、中国では五世紀前半にいたるまで、本格的な律の翻訳がなかったので、律を学ぶことができなかった。ようやく後秦《ごしん》の時代になって『十誦律《じゅうじゅりつ》』が翻訳され、主要な律が翻訳されるにしたがい、それらが研究されるようになり、律という具体的な日常の規範をとおして大乗仏教の真精神を究明しようとして律宗が形成された。

北魏時代の慧光《えこう》によって成立した四分律宗は、唐代に入って南山律宗《なんざんりっしゅう》・相部宗《そうぶしゅう》・東塔宗《とうとうしゅう》に分かれてそれぞれ栄えたが、道宣《どうせん》（五九五―六六七）にはじまる南山律宗だけが長く伝わった。なお、道宣は、南山律宗の基本となる著述を多く著すとともに、梁の慧皎《えこう》の『高僧伝』に続く『続高僧伝《ぞくこうそうでん》』を編纂したり、仏教と儒教や道教との交渉関係を伝える資料を収集したりするなど、仏教史家としても大きな業績を残している。

日本では、仏教公伝のときに百済から律師が渡ってきたのをはじめとして、蘇我氏の縁者が百済で受戒し比丘尼となって帰国したり、遣唐使が中国で受戒帰国して律を講ずるなど、次第に律の重要性が自覚されていったのである。そうして正式な受戒作法が求められるようになり、鑑真によって律宗が日本に伝えられた。鑑真は南山律宗の人であるが、その考え方は、律の形式的な護持よりも、大乗仏教の精神に立って不放逸《ふほういつ》を守るという精神的態度が重要であるとするもので、その後の日本の仏教に大きな影響を与えた。ことに最澄は、この精神に立って、部派の戒律とは別の戒経である『梵網経《ぼんもうきょう》』により、円頓戒《えんどんかい》とよばれる大乗戒の独立を主張し、結果的には、南都の律宗の伝統と対立することとなったのである。そして、この大乗戒の思想が、さらに日蓮宗の本門戒壇の思想や、浄土真宗の無戒の思想を成立させる土壌となったのである。

玄奘

唐代のはじめに、インドから新しい仏教思想をもたらして、仏教界に新風を吹き込んだのが玄奘《げんじょう》であった。玄奘（六〇二―六六四）は、はじめ『涅槃経《ねはんぎょう》』や『摂大乗論《しょうだいじょうろん》』を学んだが、阿毘達磨《あびだるま》や唯識の原典的な研究を志し、国禁を犯して密かに長安を出発して天竺（インド）への求法の旅に出た（六二九）。幾多の危険を冒しながら、西域・西北インドを経て中インドの那爛陀寺《ナーランダ》に達したのは、長安を出てから四年目のことであった。当時の那爛陀寺は、インドにおける仏教研究の中心地であり、玄奘はそこで、当時最も傑出した論師であった戒賢《かいげん》（五二九―六四五）に師事して、瑜伽唯識《ゆがゆいしき》の教学を学び、また阿毘達磨や因明《いんみょう》（仏教論理学）を学んだ。玄奘はインド各地の仏跡を巡礼し、インドの仏教事情についての見聞を広めたのち、大量の経典や論書の原典を携えて長安に帰着した（六四五）。出国後十七年目のことで、持ち帰った仏典は六五七部にもおよんだと伝えられている。帰国した玄奘は大いに歓迎された。勅命によって長安に大慈恩寺《だいじおんじ》が建立され、そこに国立の仏典翻訳機関である翻経院《ほんぎょういん》が設置されて、玄奘がもたらした経典や論書の漢訳が国家的事業として進められたのである。

玄奘は、多くの弟子たちや翻訳官を指導しながら、入寂するまでの約二十年間、仏典の漢訳に専念した。その主な翻訳仏典としては、『大般若波羅蜜多経《だいはんにゃはらみったきょう》』をはじめ、『般若心経《はんにゃしんぎょう》』、『説無垢称経《せつむくしょうきょう》』、『解深密経《げじんみっきょう》』などの大乗経典、『瑜伽師地論《ゆがしじろん》』をはじめ、『摂大乗論』、『摂大乗論釈』、『唯識二十論《ゆいしきにじゅうろん》』、『唯識三十頌《ゆいしきさんじゅうじゅ》』、『成唯識論《じょうゆいしきろん》』などの唯識論書、また『大毘婆沙論《だいびばしゃろん》』や『倶舎論《くしゃろん》』などの阿毘達磨論書などがあり、翻訳は六十七部一三四七巻にもおよんだ。さらに玄奘は、旅行記である『大唐西域記《だいとうさいいきき》』を著したが、これは七世紀の西域諸国やインド各地の地理・風俗・文化などの諸事情を伝える貴重な文献となっている。またこの旅行記による玄奘のインド求法物語に、様々な説話的要素が加わり、明代には小説化されて『西遊記』となり、広く民間に親しまれてきた。

　玄奘による仏典の漢訳は、原典に忠実であり、逐語的《ちくごてき》に正確さを求めるところに特徴があった。鳩摩羅什に代表される従来の翻訳家の漢訳は、達意的であって精密ではないとして、玄奘は、これらを批判して旧訳《くやく》といい、みずからの訳を新訳《しんやく》と称した。玄奘の新訳は、サンスクリット語の仏典の直訳とされているチベット語訳ともよく一致し、語義や文法の上でも正確であったから、唯識や阿毘達磨の論書のように論理的な文体が要求される仏典の翻訳に適していた。

法相宗

　玄奘が伝えた新しい大乗仏教は、インドの無著・世親にはじまり、護法《ごほう》（五三〇—五六一）・戒賢の師弟によって受け継がれてきた瑜伽唯識の教学であった。唯識説は、すでに北魏時代に菩提流支《ぼだいるし》や仏陀扇多《ぶっだせんた》、陳代には真諦《しんだい》によって伝えられていたが、それらは、護法の唯識説とは系統を異にしていた。玄奘の伝えた護法の『成唯識論』を根本の所依として成立したのが法相宗《ほっそうしゅう》である。『成唯識論』は、世親の『唯識三十頌』に対して護法をはじめとする十大論師が注釈を施したものであったが、玄奘がこれを翻訳したとき、その門下の基《き》（六三二―六八二、伝統的には「窺基《きき》」と称してきたが「基」が正しい）の勧めによって護法の説を正義とし、諸師の説を取捨選択して編纂したものである。基はまた、『成唯識論』の注釈をはじめ、多くの著書を著し、法相宗の教学を確立したので、法相宗の事実上の初祖と仰がれ、大慈恩寺に住していたので、慈恩大師《じおんだいし》と称された。法相宗は、玄奘に師事した道昭などの入唐僧《にっとうそう》によって日本に伝えられ、元興寺《がんごうじ》や興福寺を中心に南都に栄えた。

法相宗の教説では、唯識説の立場から、迷いを転じて悟りを開く過程を精密に探求するが、五姓各別《ごしょうかくべつ》の説により、一切衆生を資質によって五種に分類し、実践修道によって成仏することができるのは特定の種姓に限られるとした。このため、この新仏教は、一切の衆生に悉く仏性があるとする従来の仏教と激しく対立し、とくに『法華経』の「一乗真実三乗方便」（声聞乗・縁覚乗・菩薩乗の三乗には固有の証があるのではなく、一乗の教えに導くてだてであって、真の教えは唯一であり、衆生は等しく成仏する）の教説によって一乗成仏を説く天台宗との間に激しい論争を繰り返した。この論争は日本の平安時代にもおよび、伝教大師最澄の『守護国界章《しゅごこっかいしょう》』や、恵心僧都《えしんそうず》源信の『一乗要決《いちじょうようけつ》』は、法相宗の「一乗方便三乗真実」（一乗の教えは、五姓のうち、果が決定していないものを励まして大乗に入らせるためのてだてにすぎない）とする説に反論を加えたものである。

禅宗

禅は禅定《ぜんじょう》を意味し、もともと仏教における実践修行の中心をなす精神統一の行であった。禅には小乗禅と大乗禅との違いがあり、小乗禅は『阿含経』の系統の経典に説かれる禅法で、主として安世高《あんせいこう》が伝えたものである。一方、大乗禅は菩薩禅ともいわれ、支婁迦《しるか》讖《せん》・鳩摩羅什《くまらじゅう》・仏駄跋陀羅《ぶっだばつだら》などが訳した大乗の経や論に説かれ、南北朝時代に盛んに行われたもので、天台宗の止観などもこれに含まれる。

これらの禅法とは別に、北魏時代にインドから来た菩提達摩《ぼだいだるま》を開祖として中国に起こった禅法を祖師禅《そしぜん》、または達磨禅といい、これが後代になって発展する禅宗の基となるのである。祖師禅では、禅は精神の安定を求める手段とされるだけではなく、その実践が、直ちに自己の心性を徹見することになり、それがまた、そのまま仏心を把握する体験となるとして、「直指人心《じきしにんじん》、見性《けんしょう》成仏《じょうぶつ》」を唱え、また、その悟りは、教義を超えた心によって伝わるものであり、経文によるのではないとして、「教外別伝《きょうげべつでん》、不立文字《ふりゅうもんじ》」ということを掲げている。

達摩ののち、その法は、第二祖の慧可《えか》（―五九三）・第三祖の僧璨《そうさん》（―六〇六）・第四祖の道信《どうしん》

（五八〇―六五一）・第五祖の弘忍《こうにん》（ぐにんとも言う。六〇二―六七五）と伝わり、弘忍の門下に、神秀《じんしゅう》（―七〇六）と慧能《えのう》（六三八―七一三）が出て、唐代の仏教界に大きな勢力となる基礎を築いた。神秀は、主として北方に禅法を広めたので北宗といい、また段階的な修禅を重んじたので、漸悟《ぜんご》派といわれた。これに対して、南方に広まった慧能の南宗は、心の本性を見ることによって直ちに仏心を得るとしたので、頓悟《とんご》派とよばれた。はじめは北宗も栄えたが、慧能の門流に逸材が続出して、南宗が禅宗の本流を占め、慧能は六祖とよばれるようになり、北宗はほどなく衰退していった。

慧能ののち、五家七宗《ごけしちしゅう》といわれる各流派が栄え、それぞれに宗風を異にして伝灯相承《でんとうそうじょう》を重んじたが、とりわけ、臨済義玄《りんざいぎげん》（―八六七）を祖とする臨済宗《りんざいしゅう》と、洞山良价《とうざんりょうかい》（八〇七―八六九）と曹山本寂《そうざんほんじゃく》（八四〇―九〇一）とによる曹洞宗《そうとうしゅう》とが大いに栄えた。日本へは、鎌倉時代のはじめに、栄西（一一四一―一二一五）によって臨済宗が、道元（一二〇〇―一二五三）によって曹洞宗が伝えられた。

華厳宗

隋代から唐代にかけて成立した諸宗のなかで、最も深遠な哲学体系を確立したのは、天台宗と華厳宗《けごんしゅう》とであった。天台宗が『法華経』をよりどころとして仏教の教説の全体を組織づけ、諸法実相の法門を説く性具《しょうぐ》の思想を確立したのに対し、華厳宗は、『華厳経』こそが仏教の最高の真理を説く経であるとして、この経によって仏教を体系化し、法界縁起《ほっかいえんぎ》の法門を展開する性起《しょうき》の思想を説いたのである。

東晋時代に仏駄跋陀羅が『華厳経』を漢訳し、北魏時代に勒那摩提や菩提流支が世親の『十地経論』を翻訳したことにより、『華厳経』は、釈尊の成道後の最初の説法であり、仏陀の正覚の内容をそのまま説き示した経として、諸経のなかでとくに重要な地位が認められ、その研究は地論宗《じろんしゅう》を中心に盛んに進められてきた。また、これら教理的研究とは別に、『華厳経』に説かれる普賢菩薩《ふげんぼさつ》や文殊菩薩《もんじゅぼさつ》に対する信仰も高まり、普賢行の実践や、五台山を中心とした文殊の霊場への信仰も盛んとなった。

そのような事情を背景として、唐のはじめに、杜順《とじゅん》（五五七―六四〇）と智儼《ちごん》（六〇二―六六八）が出て、さまざまな様態を示している現象世界も、そのままで唯一の法界を形成しているとする法界観《ほっかいかん》を明らかにして、華厳教学の基礎を築いた。そして、杜順・智儼のあとをうけて、華厳教学を大成させ、華厳宗を発展させたのは法蔵《ほうぞう》（六四三―七一二）であった。法蔵は智儼のもとで『華厳経』を学び、また実叉難陀《じっしゃなんだ》（六五二―七一〇）が新たな『華厳経』を漢訳するのに参画した。生涯に『華厳経』を講義すること三十余回におよび、大いに華厳教学を顕揚して、賢首大師《げんじゅだいし》と称された。

華厳宗は、天台宗・三論宗・法相宗などの諸宗が大成し、互いに思想的な立場の違いを明らかにしたのちに成立したので、諸宗の教学を総合し、とくに法相宗の興起によって生じた新旧仏教の思想的対立に解決を見いだそうとする傾向をもっていた。そうした調和と融合の思想は、果としての仏をひらいたものが因の菩薩道であり、その全体的なよりどころが『華厳経』に説かれる法界であるとする華厳経観にもとづくものであった。根本的な真実は、互いに対立しあう関係の根源にあって、一切の現象的差異を包含しているとし、一切の現象が障りなく溶け合う円融無礙《えんゆうむげ》なる境地が真実であるとみるのである。法蔵の没後、華厳宗は、次第に天台や禅の思想と融合して、その特色を失っていった。

法蔵と同門で新羅出身の義湘《ぎしょう》（六二五—七〇二）によって華厳教学は新羅に伝えられた。また、法蔵の門人で新羅《しらぎ》僧の審祥《しんじょう》（—七四二）によって日本に伝えられ、その教えを受けた良弁《ろうべん》（六八九—七七三）が、東大寺を華厳宗の根本道場と定めて宗義を広めた。

密　教　密教の起源は明らかではないが、インドで中観思想と唯識思想とが二大思潮を形成し、対立と融合とを繰り返していた七世紀ころから、中観や唯識の思想とはまったく異質な、呪術的な要素を多分に取り入れた新しい仏教として発達してきたもので、仏教の最後の発展段階を示すものである。密教とは、うかがい知ることのできない深遠な教えという意味で、宇宙の真実相はただ仏のみが知りうるのであり、またそれは現実の事象の上に直観されるものであるとされる。そして、宇宙の真実相を仏として仰ぎ、これを根本仏である大日如来として、大日如来の智のはたらきの面を金剛界、徳のはたらきの面を胎蔵界とするのである。

中国には、唐代の中ごろ、善無畏《ぜんむい》（六三六―七三五）・金剛智《こんごうち》（六七一―七四一）・不空《ふくう》（七〇五―七七四）の三人がつぎつぎにインドから来て、密教を組織的に伝えた。善無畏が密教の根本聖典である『大日経』、『蘇悉地経《そしつじきょう》』などを伝訳して胎蔵界の教義を伝え、その弟子の一行《いちぎょう》（六八三―七二七）が経典の注釈を著すなど、密教が定着する基礎を築いた。また、続いて金剛智が来朝して金剛界の教理を伝えた。その弟子の不空は、師の没後インドに帰り、『金剛頂経《こんごうちょうきょう》』など多数の密教経典を携えて再び長安に戻って、大々的に翻訳を行い、玄奘以後の大翻訳家として、四大訳経僧の最後の一人に数えられるにいたった。

不空は唐の朝廷の絶大な帰依を受け、密教の修法を広めるとともに、多くの門弟を養成した。しかし、ほどなく唐末の動乱の世となって、密教の教理的な発展は妨げられ、この教えは中国では実を結ぶことがなかった。

このように、中国で発展し得なかった密教は、不空の弟子の恵果《けいか》（七四六―八〇五）のもとに留学した空海（七七四―八三五）によって日本に伝えられ、真言宗《しんごんしゅう》として、その思想的地位が確立されたのである。この密教は、平安時代以後の日本の思想と文化に大きな影響を与えた。また天台宗の最澄や円仁《えんにん》（七九四―八六四）、円珍《えんちん》（八一四―八九二）も、唐に留学中に密教を学び、天台宗とともに密教も広めた。この天台系の密教を台密《たいみつ》というのに対して、空海が東寺と高野山を中心として広めた真言宗の密教を東密《とうみつ》とよんでいる。

真言宗によれば、応身の釈尊が衆生の素質や能力に応じて説き明かされたのが顕教であり、法身の大日如来がみずからの悟りの内容を示されたのが密教であるとする。そして、仏と衆生とはまったく平等であるから、自己を凡夫であると思うのは誤りであって、手に印を結び、口に真言（密呪）を唱え、心に仏の徳を念ずるという三密《さんみつ》によって、自己と仏とが一体となる境地に入り、それによって、衆生が本来的にそなえている仏の法身を明らかにして成仏するとしたのである。この密教の中心思想を三密加持という。

第五章　普及期の仏教

唐末は、武宗《ぶそう》による会昌《かいしょう》の廃仏をはじめとして、更に五代の戦乱が続き、後周世宗《こうしゅうせいそう》の仏教弾圧によって仏教は大いに衰退したため中央では特に注目すべき進展はなかった。そうしたなかで、唐代から法脈を保っていたのは禅宗で、それは経論などの解釈によらず、直ちに仏陀の本質に到達する「不立文字《ふりゅうもんじ》」を旨としたために、寺院内の学問研究に影響を受けることがなかったからであった。

宋代以後の仏教

一方、中央とは別に周辺国には仏教を奉ずる国家も存在した。その代表が浙江《せっこう》の呉越国《ごえつこく》で、銭弘俶《せんこうしゅく》は高麗《こうらい》や日本から散逸《さんいつ》した経論や注釈などを集めて仏教を振興しようとした。高麗は天台の名僧諦観《たいかん》を派遣してその要請に応えたのであった。この呉越を代表する仏教者は、禅宗の法系を引く永明延寿《えいめいえんじゅ》（九〇四―九七五）で、「不立文字」に対する誤解を批判して、教禅一致思想を主張した。こうしたことが重なって浙江地方に天台教学が復活した。復興した天台教学は、当時盛んだった禅・浄土思想の影響を受けて、智顗《ちぎ》の『観無量寿経疏《かんむりょうじゅきょうしょ》』を禅観の立場から理解する、いわゆる天台浄土教を創始した。また唐末の混乱を避けて呉越にやってきた人びとによって道宣の四分律宗が伝えられ、宋の仏教復興によって戒壇が整備されて律宗が定着することになった。このようにして、浙江では律・天台・浄土・禅・華厳などが融合相反しながら中央とは異なる仏教を展開した。

その後、呉越は領土を返上して宋に帰属したが、宋代になっても浙江地方が仏教の中心地であった。このように、唐末の混乱によって仏教は一時期荒廃したが、宋は仏教復興によって人びとの心を把握しようとした。そこで寺院の再興を奨励し、戒壇を復興して国家と出家の僧尼の関係を一定の規律の下に統制した。その結果、唐代に比べて僧尼の数も数倍に増えるなど、仏教は盛んとなった。また国家の安定にともなって、西域地方との関係も復活し、外国三蔵の来訪や西域に法を求める中国僧侶の数も増えた。その結果、唐代以来二百年ぶりに新たな経典の翻訳なども行われ、唐代とは異なる発展をなした。ただ、インド・西域において唐代ほどに仏教が盛んでなくなっていたため、新たな思想的発展などはなかった。

また唐代から宋代にかけて特に大きな発展をなした禅宗は、仏陀釈尊を祖とするため、その法灯を正しく継承することが自己のよりどころであると考えられたことから、仏教史学が非常に発達した。こうした仏教の歴史的研究から、歴史的な人格としての釈尊観を見いだすこととなった。こうした最新の宋代の仏教は、当時盛んになりはじめた日宋交流にともなっていち早く日本に伝えられ、平安中期以降の我が国の仏教思想の展開にきわめて大きな影響を与えた。

特に前述した天台浄土教は、天台教学に基づいて『観無量寿経』を再解釈し、自己の心と仏身と仏土とは本来別ではないとして、それを正しく観察することが仏道の内容であると主張した。これらは「己心《こしん》の弥陀」（自己の心中に阿弥陀仏が存在しているとする）や「唯心《ゆいしん》の浄土」（自己の心中に仏の浄土が存在しているとする）という言葉に代表され、当時の人びとの間に広まっていた善導流の浄土教を批判して説かれたものである。それ故、後の日本でも浄土思想が発展するにしたがって、大きな論争を生み出すことになったのである。

また入宋僧《にっそうそう》の奝然《ちょうねん》が持ち帰った三国伝来の等身釈迦如来像（嵯峨清凉寺所蔵）が、絹地で作られた内臓を有しているのは先に述べたような釈尊観を具体的に表すものと考えられる。

漢民族の宋に代わってモンゴル族が建てた元（一二七一―一三六八）になると、朝廷は、チベット仏教を国教として厚く保護した。しかし、元朝は在来の仏教に対しても寛大な政策をとったので、寺院や僧尼の数は増大したが、宗教事情は複雑なものとなり、仏教の低迷は避けられなかった。元に代わった漢民族の明（一三六八―一六四四）も、その後を継いだ北方民族の清（一六三六

—一九一二）も、歴代の皇帝は仏教を保護したので、仏教は命脈を保ったが、統制も厳重に行われたので、社会的な影響は著しく低調であった。

諸宗の融合

宋代以後の仏教界では、新しい思想の興起は見られなかった代わりに、既成の各宗の対論が行われ、また、天台宗・華厳宗・律宗・禅宗・浄土教など、諸宗の教義の融合が盛んとなった。浄土教も、天台宗・華厳宗などの諸宗の教義と融合し、また、禅と念仏をともに修する風潮のなかで普及していったが、とくに元のころからは、道教に関連する民間信仰や現世利益の迷信と結びついて、変質しながら民衆の生活と密着する傾向を多くもつようになった。

このように仏教内の諸宗が融合したことによって、それぞれの個性をなくしたばかりではなく、仏教は道教をはじめとする土着の宗教とも融合して、中国の大地に深く浸透したが、次第にその特質を失っていったのである。

居士仏教

仏教は、出家者の間では沈滞したが、次第に在家信者たちの手に移り、主として禅と念仏が重んじられ、いわゆる居士仏教《こじぶっきょう》として発達した。それが宋代以後の仏教の特徴である。ことに宋代の文学や芸術の興隆にともなって、禅の証悟の世界や念仏の体験が文学的、芸術的に表現される風潮が生まれ、仏教は中国の文化のなかに広く普及していったのである。

こうした風潮のなかで、儒家でありながら仏教を研究する人びとも多くなり、それにともなって、激しい排仏論も唱えられる一方、またそれに応酬する護法論も活発に発表された。しかし、次第に仏教と儒教を融合する思想や調和をはかる説が強調されるようになった。

隋唐時代には、儒教よりも仏教の方が思想界で優勢を占めていたが、このような反発と融合のなかで、儒教も革新され、その思想が大きく発展しはじめた。宋代に大成した朱子学や、明代に発展した陽明学などがそれである。これらの儒家の思想の発展には、仏教の教義が大きく取り入れられたために、仏教は、仏教界の範囲を越えて広く中国の思想界に影響し、普及することになっていった。しかし、それと同時に、思想界の一般的状況のなかに拡散して吸収されることによって、仏教としての独自性を失うこととなったのである。

大蔵経の開版

また宋代仏教の大きな展開として、大蔵経《だいぞうきょう》の出版が挙げられる。大蔵経は、漢訳された経・律・論の三蔵をはじめ、それら三蔵に対する中国で作られた注釈や、中国において発達した諸宗の教義を述べた著作などを網羅したものである。もともと経典などは、目録によって定められたものを筆写していたのであったが、宋代の蜀《しょく》地方ではじめて印刷された。それはこの地方が、晩唐《ばんとう》から前蜀《ぜんしょく》・後蜀《こうしょく》にかけて印刷文化の中心地であったことによる。この最初の印刷された大蔵経は、開版された地名から「蜀版大蔵経《しょくはんだいぞうきょう》」、年号から「開宝蔵《かいほうぞう》」とも呼ばれるが、宋の権威を象徴するものとして周辺の国々にも送られた。この宋版大蔵経の出現を嚆矢《こうし》として、その後たびたび中国・朝鮮・日本において大蔵経が出版されることになるのである。

大正時代から昭和のはじめにかけて出版事業が続けられた日本の『大正新脩大蔵経《たいしょうしんしゅうだいぞうきょう》』（全百巻）は、今日、世界の仏教研究の基本資料となっている。現代では、この『大正新脩大蔵経』はインターネットを通してデータベースが公開されており、語句の検索などが即座に可能となった。こうした変化は、仏教文献に対する姿勢や、研究方法などにきわめて大きな影響を与えている。

仏教史略年表

インド編

＊は推定の年数であることを示す

西暦	主な出来事
前二三〇〇―一八〇〇＊	インダス文明が栄える。
一五〇〇＊	アーリヤ人が西北インドのパンジャーブに進入。
	前期ヴェーダ時代（〜一〇〇〇＊）。
八〇〇＊	ガンジス川上流域に進出。
	後期ヴェーダ時代（一〇〇〇〜六〇〇＊）。
	四ヴェーダ聖典の成立。
	四ヴァルナ制度の成立。
六〇〇＊	ガンジス川中流域を中心に、国や交易都市が成立。
五〇〇＊	マガダ国（ビンビサーラ王）やコーサラ国（パセーナディ王）の隆盛。
	沙門たちの出現（六師外道）。
四九四＊	アジャータサットゥがマガダ国の王に即位。
四八六＊	仏陀ゴータマの入滅。
	王舎城にて結集。阿含経の成立。
四四〇＊	ギリシャのアテネ最盛期。
三八六＊	僧伽の根本分裂。
	ベーサーリーにて第二結集。

三三〇	ダレイオス王が殺害され、アケメネス朝ペルシア（五五〇〜三三〇）が滅亡。
三二六	アレクサンドロス大王（〜三二三）、西北インド、タクシラに侵入。
三二〇＊	チャンドラグプタ、マウリア朝（〜一八〇＊）を興し、パータリプトラを都とする。
三〇五	シリアのセレウコス王と交戦。
三〇〇＊	セレウコスの使節として、ギリシャ人のメガステネース、パータリプトラに滞在。後に『インド誌』を著わす。
二六八＊	マウリア朝のアショーカ王（〜二三二＊）が即位。
	石柱・仏塔の建立。
	スリランカや各地に仏教の流布。
二五〇＊	シリアからバクトリア王国（〜一四〇＊）独立。
二四八＊	イラン北部にパルティア王国（〜後二二六）興る。
一九〇＊	バクトリアのギリシャ系の王、西北インドに侵入。
一八〇＊	マウリア朝を滅ぼし、シュンガ朝興る。
	ブラーフマナの伝統勢力の台頭。
一五〇＊	ギリシャ王メナンドロス（ミリンダ）と比丘ナーガセーナとの対論（『ミリンダ王の問い』）。
	バールフットなどの仏塔の建立。
	ジャータカ物語が生まれる。
	西インドに石窟僧院の建造はじまる。
八九＊	スリランカ王ヴァッタガーマニーのもとで経典が文書化される。
	サカ族の西北インド侵入。

五八	ヴィクラマ暦の紀年。
——紀元——	
後 六〇*	クシャーナ朝が西北インドを支配。
七八	シャカ暦の紀年。
一〇〇*	初期大乗経典が現れる。
	ガンダーラやマトゥラーで仏像彫刻はじまる。
一二八*	カニシカ王即位（〜一五二*）。
	南インドのサータヴァーハナ朝の隆盛。
一四八*	安世高、洛陽に来る。阿含経などを伝える。
一五〇*	マトゥラーで阿弥陀仏立像が作られる。
	カシミールで説一切有部の『大毘婆沙論』が編纂される。
一七九	支婁迦讖（〜一八九）、『道行般若経』『般舟三昧経』を訳す。
二五〇*	ナーガールジュナ、『中論』を著わす。
三二〇	チャンドラグプタ一世、グプタ朝を興す。グプタ暦の紀年。
	中期大乗経典の成立。
三九九	法顕、インドに向かう（〜四一二 青州に帰着し、四一三建康に入る）。
四四〇*	ナーランダー僧院の建設。
四五〇*	アサンガ、『摂大乗論』を著わす。ヴァスバンドゥ、『倶舎論』を著わす。
五九三*	ソンツェンガンポ王（〜六四九）、チベットを統一。
六二九	玄奘、長安を出発しインドに向かう（〜六四五 長安に帰る）。

六七一	義浄、広州を出発しインドに向かう（〜六九五 帰る）。
七七九*	チベットにおいて訳経事業が始まる。
七九五	チベットのサムエにおいて、カマラシーラと摩訶衍の論争。以後、インド系仏教が正統とされる。
一二〇三	ヴィクラマシーラ寺院がイスラム軍によって破壊される。インドにおいて仏教が消滅。
一二〇六	デリー・スルタン朝。デリーにイスラム政権が誕生。

中国編

西暦	主な出来事	国家の変遷
前 一三九	張騫の西域遠征。	
二	伊存、浮屠経を口授。	
—紀元—		
後 六七	迦葉摩騰・竺法蘭が洛陽に来る。	**後漢の建国（二五）**
一四八―一七〇	安世高、『安般守意経』などを漢訳する。	
一七九	支婁迦讖、『道行般若経』『般舟三昧経』を漢訳する。	

二二二―	呉の支謙、『大阿弥陀経』『維摩詰経』『大明度経』などを漢訳する。	後漢が滅び三国時代が始まる（二二〇）
二五二	曹魏の康僧鎧、『無量寿経』を漢訳する。	
二六〇	朱子行、西域に仏典を求める。	
二六五	竺法護、『正法華経』を漢訳する。	西晋が建国し（二六五）、三国時代が終わる（二八〇）
二八六	竺法護、『光讃般若経』を漢訳する。	
二九一	無羅叉、『放光般若経』を漢訳する。	
三一〇	仏図澄、洛陽に来る。	西晋から東晋となる（三一七）
三三五*	道安、仏図澄に出あう。	
三七六	道安、『放光般若経』と『光讃般若経』を会通する視点を見つける。（『合方光光讃略解』序）	
三八二	道安、五失本三不易の説を明らかにする。（『摩訶鉢羅若波羅蜜経抄序』）	
四〇一	鳩摩羅什、長安で仏典漢訳を開始する。	東晋建国にともない北方は五胡十六国時代となる
四〇二	慧遠（廬山）、白蓮社を組織して観想念仏を始める。	
四一二	法顕、求法の旅から帰着する。	
四一七	法顕・仏駄跋陀羅、『大般泥洹経』を漢訳する。	
四二〇	仏駄跋陀羅、『華厳経』（旧訳、六十巻）を漢訳する。	
四二一	曇無讖、『涅槃経』（北本、四十巻）を漢訳する。	

四二四	畺良耶舎、『観無無量寿経』を漢訳する。	宋（劉宋）が建国し（四二〇）、北魏が華北地方を統一（四三九）して南北朝時代が始まる
四三〇–四三三	慧厳・慧観ら『涅槃経』（南本、三六巻）を編集する。	
四三六	求那跋陀羅、『勝鬘経』を漢訳する。	
四四六	北魏太武帝が廃仏を断行する。	
四五三	北魏文成帝が仏教復興し、曇曜が雲崗石窟の開削を始める。	
四九四	北魏孝文帝が洛陽に遷都する。	
五〇八	菩提流支、洛陽に到着する。	
五一一	菩提流支・勒那摩提、『十地経論』を漢訳する。	
五一五	南岳慧思生まれる。後、自分の生年を末法八十二年と自覚（『立誓願文』）。	
五二七	菩提達摩、南朝梁に到着する。後、崇山で修行し洛陽へ入る。	
五二九	菩提流支、『無量寿経論』を漢訳する。（五三八　日本に百済から仏教が伝えられる）	
五四二	曇鸞没す。 慧遠（浄影寺）、法上のもとで具足戒をうける。	
五四八	真諦、梁の都建康に到着する。	
五六三	真諦、『摂大乗論』『摂大乗論釈』を漢訳する。	
五六六	北斉の那連提耶舎、『大集月蔵経』を漢訳する。	
五七〇	北周の闍那耶舎、『大乗同性経』を漢訳する。	
五七四	北周武帝が廃仏を断行する。	

五七五	智顗、北周の廃仏により天台山に隠棲する。	
五八七	曇遷、『摂大乗論』を長安で講義する。	**隋が南北朝を統一する** **（五八九）**
五八九	信行、長安に入り三階教が急速に普及する。	
五九三	智顗、『法華玄義』を講ずる。	
六〇〇	吉蔵、隋の晋王広（後の煬帝）の揚州慧日道場に招聘される。	
六〇九	道綽、玄中寺において浄土教に帰す。	
六三〇	道宣、『四分律行事鈔』を著す。	**唐が建国する（六一八）**
六四一	善導、玄中寺にて道綽の『観経』の教えに出あう。	
六四五	玄奘、インド西域求法の旅から帰着。	
	道宣、玄奘の訳場の筆受潤文となる。	
	善導、山西を去って長安近くの終南山に入る。	
六五九	玄奘、基と共に『成唯識論』を訳出する。	
六六三	玄奘、『大般若経』を漢訳する。	
六七〇	法蔵、則天武后建立の太原寺において得度する。	
六七七	慧能、曹渓（現在の広東省東北部）の宝林寺に至り南宗禅が盛んとなる。	
六九五	義浄、洛陽に帰着。	
六九九	実叉難陀、『華厳経』（新訳、八十巻）を漢訳する。	
七二五	善無畏、『大日経』を漢訳する。	

七五五	不空、『金剛頂経』を漢訳する。 （八〇五　最澄、天台宗の法を受けて帰国） （八〇六　空海、不空の弟子恵可から真言宗の法を受けて帰国）	
八四二	唐の武宗、廃仏（会昌の廃仏）を断行する。 （八四七　円仁、密教と五台山の引声念仏を受けて帰国）	
九五五	後周の世宗、廃仏を断行する。	唐が滅亡し五代十国時代が始まる（九〇七）
九六一	高麗の諦観、呉越国に派遣される。	宋（北宋）が建国する（九六〇）
九八三	蜀版大蔵経（開宝蔵）が完成する。 （九八七　奝然、開宝蔵を付与されて帰国する）	
一一二七	北方女真族の金が首都開封を制圧し宋は南方に本拠を移す（南宋のはじまり）。	
一二五一	高麗版大蔵経（再刻）が完成する。	

改訂 大乗《だいじょう》の仏道《ぶつどう》 ―仏教概要《ぶっきょうがいよう》―

2016(平成28)年9月1日　第1刷発行
2024(令和6)年2月1日　第3刷発行

編　纂　真宗大谷派
教師養成のための教科書編纂委員会

発行者　宗務総長　木　越　渉

発行所　東　本　願　寺　出　版
(真宗大谷派宗務所出版部)
〒600-8505 京都市下京区烏丸通七条上る
電話 (075) 371-9189(販売)
(075) 371-5099(編集)
FAX (075) 371-9211

印刷・製本　中村印刷株式会社

ISBN978-4-8341-0525-4 C1015

詳しい書籍情報は　東本願寺出版　検索
真宗大谷派(東本願寺)ホームページ　真宗大谷派　検索

索　　引

〈凡　例〉

・用語は、学習上、特に重要なものに限定してページ数を掲載した。
・用語は、以下の項目に大別し、見出しとした。

（１）仏教用語・一般用語

あ　行

か　行

さ　行

た　行

な　行

は　行

ま　行

や　行

ら　行

わ　行

（2）人　　名

あ　行

か　行

さ　行

た　行

な　行

は　行

ま　行

(3) 書　名

あ　行

か　行

さ　行

た 行

な 行

は 行

ま 行

や 行

ら 行

（4）地名・寺院名

あ 行

か 行

さ 行

た 行

な 行

は 行

ま　行

ら　行